16	3	2	13
5	10	11	8
9	6	7	12
4	15	14	1

coleção TRANS

Gilles Deleuze
Félix Guattari

MIL PLATÔS
Capitalismo e esquizofrenia 2

Vol. 2

Tradução
Ana Lúcia de Oliveira
e Lúcia Cláudia Leão

editora 34

EDITORA 34

Editora 34 Ltda.
Rua Hungria, 592 Jardim Europa CEP 01455-000
São Paulo - SP Brasil Tel/Fax (11) 3811-6777 www.editora34.com.br

Copyright © Editora 34 Ltda. (edição brasileira), 1995
Mille plateaux © Les Éditions de Minuit, Paris, 1980

A FOTOCÓPIA DE QUALQUER FOLHA DESTE LIVRO É ILEGAL E CONFIGURA UMA
APROPRIAÇÃO INDEVIDA DOS DIREITOS INTELECTUAIS E PATRIMONIAIS DO AUTOR.

Publicado com o apoio do Ministério das Relações Exteriores da França.
Edição conforme o Acordo Ortográfico da Língua Portuguesa.

Título original:
Mille plateaux: capitalisme et schizophrénie 2

Capa, projeto gráfico e editoração eletrônica:
Bracher & Malta Produção Gráfica

Coordenação da tradução:
Ana Lúcia de Oliveira

Revisão técnica:
Luiz B. L. Orlandi

Revisão:
Leny Cordeiro

1ª Edição - 1995 (5 Reimpressões),
2ª Edição - 2011 (3ª Reimpressão - 2022)

CIP - Brasil. Catalogação-na-Fonte
(Sindicato Nacional dos Editores de Livros, RJ, Brasil)

Deleuze, Gilles, 1925-1995
D348m   Mil platôs: capitalismo e esquizofrenia 2,
    vol. 2 / Gilles Deleuze, Félix Guattari; tradução
    de Ana Lúcia de Oliveira e Lúcia Cláudia Leão.
    — São Paulo: Editora 34, 2011 (2ª Edição).
    128 p. (Coleção TRANS)

Tradução de: Mille plateaux

ISBN 978-85-85490-65-2

1. Filosofia. I. Guattari, Félix, 1930-1992.
II. Oliveira, Ana Lúcia de. III. Leão, Lúcia Cláudia.
IV. Título. V. Série.

CDD - 194

MIL PLATÔS
Vol. 2

Nota dos editores 7

4. 20 de novembro de 1923 —
   Postulados da linguística 11
5. 587 a.C.-70 d.C. —
   Sobre alguns regimes de signos 63

Índice onomástico 115
Índice das matérias 117
Índice das reproduções 118
Índice geral dos volumes 119
Bibliografia de Deleuze e Guattari 120
Sobre os autores 124

NOTA DOS EDITORES

Esta edição brasileira de *Mil platôs*, dividindo a obra original em cinco volumes, foi organizada com o consentimento dos autores, Gilles Deleuze e Félix Guattari, e da editora francesa, Les Éditions de Minuit.

Para facilitar a pesquisa, os confrontos e as correções, as páginas da edição original francesa estão indicadas, entre colchetes e em itálico, ao longo do texto. Os itens do "Índice das matérias" foram incluídos entre colchetes no início de cada capítulo, e ao final do volume acrescentou-se um índice onomástico

Dado o uso conceitual, técnico, do verbo *devenir* em inúmeras passagens do original francês, ele e seus derivados foram aqui traduzidos pelas várias formas do verbo "devir" em português, mesmo nos casos em que é habitual o emprego do verbo "tornar".

MIL PLATÔS
Capitalismo e esquizofrenia 2

Vol. 2

4.
20 DE NOVEMBRO DE 1923 —
POSTULADOS DA LINGUÍSTICA
[95]

[A palavra de ordem — O discurso indireto — Palavras de ordem, atos e transformações incorpóreas — As datas — Conteúdo e expressão: as variáveis nos dois casos — Os aspectos do agenciamento — Constantes, variáveis e variação contínua — A música — O estilo — Maior e menor — O devir — Morte e fuga, figura e metamorfose]

Agenciamento da palavra de ordem

I. A LINGUAGEM SERIA INFORMATIVA E COMUNICATIVA

A professora não se questiona quando interroga um aluno, assim como não se questiona quando ensina uma regra de gramática ou de cálculo. Ela "ensigna", dá ordens, comanda. Os mandamentos do professor não são exteriores nem se acrescentam ao que ele nos ensina. Não provêm de significações primeiras, não são a consequência de informações: a ordem se apoia sempre, e desde o início, em ordens, por isso é redundância. A máquina do ensino obrigatório não comunica informações, mas impõe à criança coordenadas semióticas com todas as bases duais da gramática (masculino-feminino, singular-plural, substantivo-verbo, sujeito do enunciado-sujeito de enunciação etc). A unidade elementar da linguagem — o enunciado — é a palavra de ordem. Mais do que o senso comum, faculdade que centralizaria as informações, é preciso definir uma faculdade abominável [96] que consiste em emitir, receber e transmitir as palavras de ordem. A linguagem não é mesmo feita para que se acredite nela, mas para obedecer e fazer obedecer. "A baronesa não tem a mínima intenção de me convencer de sua boa-fé, ela me indica simplesmente aquilo que prefere me ver fingir admitir."[1] Isso pode ser percebido nos informes da polícia ou do governo, que pouco se preocupam com a verossimilhança ou com a veracidade, mas que definem muito bem o que deve ser observado e guardado. A indiferença dos comunicados em relação a qualquer credibilidade frequentemente beira a provocação. O que prova que se trata de uma outra coisa. Mas deixemos bem claro: a linguagem não exige mais do que isso. Spengler observa que as formas fundamentais da fala não são o enunciado de um juízo nem a expressão de um sentimento, mas "o comando, o testemunho de obediência, a asserção, a pergunta, a afirmação ou a negação", frases muito curtas que comandam a vida e que são inseparáveis dos empreendimentos ou das grandes realizações: "Pronto?", "Sim", "Vamos".[2] As palavras não são ferramentas; mas damos às crianças linguagem, canetas e cadernos, assim como damos pás e picaretas aos operários.

[1] Georges Darien, *L'Épaulette*, Paris, 10-18, 1973, p. 435. Ou Émile Zola, *La Bête humaine*, Paris, Gallimard, p. 188: "E ela dizia isso, não para convencê-lo, mas unicamente para adverti-lo de que ela devia ser inocente aos olhos dos outros". Esse tipo de frase nos parece característico do romance em geral, muito mais do que a frase informativa "a marquesa saiu às cinco horas".

[2] Oswald Spengler, *L'Homme et la technique*, trad. francesa Anatole A. Petrowsky, Paris, Gallimard/Idées, 1958, p. 103.

Uma regra de gramática é um marcador de poder, antes de ser um marcador sintático. A ordem não se relaciona com significações prévias, nem com uma organização prévia de unidades distintivas, mas sim o inverso. A informação é apenas o mínimo estritamente necessário para a emissão, transmissão e observação das ordens consideradas como comandos. É preciso estar suficientemente informado para não confundir *Au feu!* (Fogo!) com *Au jeu!* (Jogo!), ou para evitar a situação deveras desagradável do professor e do aluno segundo Lewis Carroll (o professor lança uma questão do alto da escadaria, transmitida pelos valetes que a deformam a cada degrau, ao passo que o aluno, embaixo, no pátio, envia uma resposta, ela mesma deformada, a cada etapa da subida). A linguagem não é a vida, ela dá ordens à vida; a vida não fala, ela escuta e aguarda.[3] Em toda palavra de ordem, mesmo de um pai a seu filho, há uma pequena sentença de morte — um Veredito, dizia Kafka. *[97]*

    O difícil é precisar o estatuto e a extensão da palavra de ordem. Não se trata de uma origem da linguagem, já que a palavra de ordem é apenas uma função-linguagem, uma função coextensiva à linguagem. Se a linguagem parece sempre supor a linguagem, se não se pode fixar um ponto de partida não linguístico, é porque a linguagem não é estabelecida entre algo visto (ou sentido) e algo dito, mas vai sempre de um dizer a um dizer. Não acreditamos, a esse respeito, que a narrativa consista em comunicar o que se viu, mas em transmitir o que se ouviu, o que um outro disse. Ouvir dizer. Nem mesmo basta evocar uma visão deformante vinda da paixão. A "primeira" linguagem, ou, antes, a primeira determinação que preenche a linguagem, não é o tropo ou a metáfora, é o *discurso indireto*. A importância que se quis dar à metáfora, à metonímia, revela-se desastrosa para o estudo da linguagem. Metáforas e metonímias são apenas efeitos que só pertencem à linguagem quando já supõem o discurso indireto. Existem muitas paixões em uma paixão, e todos os tipos de voz em uma voz, todo um rumor, glossolalia: isto porque todo discurso é indireto, e a translação

---

[3] Brice Parain, *Sur la dialectique*, Paris, Gallimard, 1953. Parain desenvolve uma teoria da "suposição" ou do pressuposto na linguagem, relacionada a essas ordens dadas à vida: mas vê, nestas, menos um poder no sentido político do que um dever no sentido moral.

própria à linguagem é a do discurso indireto.[4] Benveniste nega que a abelha tenha uma linguagem, ainda que disponha de uma codificação orgânica, e *até mesmo se utilize de tropos*. Ela não tem linguagem porque é capaz de comunicar o que viu, mas não de transmitir o que lhe foi comunicado. A abelha que percebeu um alimento pode comunicar a mensagem àquelas que não o perceberam; mas a que não o percebeu não pode transmiti-lo às outras que igualmente não o perceberam.[5] A linguagem não se contenta em ir de um primeiro a um segundo, de alguém que viu a alguém que não viu, mas vai necessariamente de um segundo a um terceiro, não tendo, nenhum deles, visto. É nesse sentido que a linguagem é transmissão de palavra funcionando como palavra de ordem, e não comunicação de um signo como informação. A linguagem é um *[98]* mapa e não um decalque. Mas em quê a palavra de ordem é uma função coextensiva à linguagem, visto que a ordem, o comando, parecem remeter a um tipo restrito de proposições explícitas marcadas pelo imperativo?

As célebres teses de Austin mostram que não existem, entre a ação e a fala, apenas relações extrínsecas diversas, de forma que um enunciado possa descrever uma ação no modo indicativo, ou antes provocá-la em um modo imperativo, etc. Existem também relações intrínsecas entre a fala e determinadas ações que se realizam quando *estas* são ditas (o performativo: juro ao dizer "eu juro"), e mais geralmente entre a fala e determinadas ações que se realizam quando falamos (o ilocutório: interrogo dizendo "será que...?", prometo dizendo "eu te amo...", ordeno empregando o imperativo... etc.). São esses atos, interiores à fala, essas relações imanentes dos enunciados

---

[4] Dois autores sobretudo destacaram a importância do discurso indireto, especialmente na forma dita "livre", do ponto de vista de uma teoria da enunciação que vai além das categorias linguísticas tradicionais: M. Bakhtin (para o russo, o alemão e o francês), *Le Marxisme et la philosophie du langage*, Paris, Minuit, 1977, parte III; P. P. Pasolini (para o italiano), *L'Expérience hérétique*, Paris, Payot, 1976, parte I. Utilizamo-nos também de um estudo inédito de J.-P. Bamberger sobre "Les formes du discours indirect dans le cinéma muet et parlant".

[5] Émile Benveniste, *Problèmes de linguistique générale*, Paris, Gallimard, 1966, p. 61: "Não se constatou que uma abelha vá, por exemplo, levar para uma outra colmeia a mensagem que recebeu na sua, o que seria uma maneira de transmissão ou de alternância".

com os atos, que foram chamados de *pressupostos implícitos ou não discursivos*, diferenciando-se das suposições sempre explicitáveis nas quais um enunciado remete a outros enunciados ou, antes, a uma ação exterior (Ducrot). O destaque da esfera do performativo, e da esfera mais vasta do ilocutório, apresentava três importantes consequências: 1) A impossibilidade de conceber a linguagem como um código, visto que este é a condição que torna possível uma explicação; e a impossibilidade de conceber a fala como a comunicação de uma informação: ordenar, interrogar, prometer, afirmar, não é informar um comando, uma dúvida, um compromisso, uma asserção, mas efetuar esses atos específicos imanentes, necessariamente implícitos; 2) A impossibilidade de definir uma semântica, uma sintaxe ou mesmo uma fonemática, como zonas científicas de linguagem que seriam independentes da *pragmática*; a pragmática deixa de ser uma "cloaca", as determinações pragmáticas deixam de estar submetidas à alternativa: ou se voltar para o exterior da linguagem, ou responder a condições explícitas sob as quais elas são sintaxizadas e semantizadas; a pragmática devém, ao contrário, o pressuposto de todas as outras dimensões, e se insinua por toda parte; 3) A impossibilidade de manter a distinção língua-fala, visto que a fala não pode mais ser definida pela simples utilização individual e extrínseca de uma significação primeira, ou pela aplicação variável de uma sintaxe prévia: ao contrário, são o sentido e a sintaxe da língua que não se deixam definir independentemente dos atos de fala que ela pressupõe.[6] *[99]*

É verdade que ainda não se consegue compreender bem como é possível fazer, dos atos de fala ou pressupostos implícitos, uma função coextensiva à linguagem. Compreende-se menos ainda tal opera-

---

[6] Labov apontou a contradição, ou pelo menos o paradoxo, no qual desembocava a distinção língua-fala: define-se a língua como "a parte social" da linguagem, remete-se a fala às variações individuais; mas estando a parte social fechada sobre si mesma, disso resulta necessariamente que um único indivíduo testemunhará em direito pela língua, independentemente de qualquer dado exterior, ao passo que a fala só será descoberta em um contexto social. De Saussure a Chomsky, é o mesmo paradoxo: "O aspecto social da linguagem se deixa estudar na intimidade de um gabinete, ao passo que seu aspecto individual exige uma pesquisa no interior da comunidade" (William Labov, *Sociolinguistique*, Paris, Minuit, 1976, pp. 259 ss., 361 ss.).

ção se partimos do performativo (o que é feito quando "o" falamos) para ir, por extensão, até o ilocutório (o que é feito quando falamos). Pois pode-se sempre evitar essa extensão e encerrar o performativo nele mesmo, explicando-o por caracteres semânticos e sintáticos particulares que evitam qualquer recurso a uma pragmática generalizada. Assim, segundo Benveniste, o performativo não remete a atos, mas, ao contrário, à propriedade de termos *sui-referenciais* (os verdadeiros pronomes pessoais EU, TU..., definidos como embreantes): de tal modo que uma estrutura de subjetividade, de intersubjetividade prévia na linguagem, dê conta suficientemente dos atos de fala, ao invés de pressupô-los.[7] A linguagem é então definida aqui como comunicativa mais do que como informativa, e é essa intersubjetividade, essa subjetivação propriamente linguística, que explica o resto, isto é, tudo aquilo que fazemos existir ao dizê-"lo". Mas a questão é de saber se a comunicação subjetiva é uma noção linguística melhor do que a de informação ideal. Oswald Ducrot expôs as razões que o levaram a inverter o esquema de Benveniste: não é o fenômeno de *sui*-referência que pode dar conta do performativo, mas o inverso, é "o fato de determinados enunciados serem socialmente consagrados à realização de determinadas ações" que explica a *sui*-referência. De modo que o próprio performativo é explicado pelo ilocutório, e não o contrário. É o ilocutório que constitui os pressupostos implícitos ou não discursivos. E o ilocutório, por sua vez, é explicado por agenciamentos coletivos de enunciação, por atos jurídicos, equivalentes de atos jurídicos, que coordenam os processos de subjetivação ou as atribuições de sujeitos na língua, e que não dependem nem um pouco dela. A comunicação não é um conceito melhor do que o de informação, nem a intersubjetividade vale mais do que a significância para esclarecer esses agenciamentos "enunciados-atos" que medem, em cada língua, o papel e a participação dos *[100]* morfemas subjetivos.[8] (Veremos que a análise do discur-

---

[7] Émile Benveniste, *Problèmes de linguistique générale*, cit. (parte V): sobre a eliminação do ilocutório, cf. pp. 274 ss.

[8] Oswald Ducrot, *Dire et ne pas dire*, Paris, Hermann, 1972, pp. 70-80 (e "De Saussure à la philosophie du langage", prefácio a *Actes de langage*, de John R. Searle, trad. francesa, Paris, Hermann, 1972). Ducrot questiona as noções de informação e de código, de comunicação e de subjetividade linguísticas. Elabora

so indireto confirma esse ponto de vista, já que nele as subjetivações não são primeiras, mas derivam de um agenciamento complexo.)

Chamamos *palavras de ordem* não uma categoria particular de enunciados explícitos (por exemplo, no imperativo), mas a relação de qualquer palavra ou de qualquer enunciado com pressupostos implícitos, ou seja, com atos de fala que se realizam no enunciado, e que podem se realizar apenas nele. As palavras de ordem não remetem, então, somente aos comandos, mas a todos os atos que estão ligados aos enunciados por uma "obrigação social". Não existe enunciado que não apresente esse vínculo, direta ou indiretamente. Uma pergunta, uma promessa, são palavras de ordem. A linguagem só pode ser definida pelo conjunto das palavras de ordem, pressupostos implícitos ou atos de fala que percorrem uma língua em um dado momento.

A relação entre o enunciado e o ato é interior, imanente, mas não existe identidade. A relação é, antes, de *redundância*. A palavra de ordem é, em si mesma, redundância do ato e do enunciado. Os jornais, as notícias, procedem por redundância, pelo fato de nos dizerem o que é "necessário" pensar, reter, esperar, etc. A linguagem não é informativa nem comunicativa, não é comunicação de informação, mas — o que é bastante diferente — transmissão de palavras de ordem, seja de um enunciado a um outro, seja no interior de cada enunciado, uma vez que um enunciado realiza um ato e que o ato se realiza no enunciado. O esquema mais geral da informática admite, em princípio, uma informação máxima ideal, e faz da redundância uma simples condição limitativa que diminui este máximo teórico para impedir que seja encoberto pelo ruído. Dizemos, ao contrário, que aquilo que é primeiro é a redundância da palavra de ordem, e que a informação é apenas a condição mínima para a transmissão das palavras de ordem (é por isso que não há como opor o ruído à informação, mas, antes, opor todas as indisciplinas que trabalham a linguagem, à palavra de ordem como disciplina ou "gramaticalidade"). A

uma teoria da "pressuposição linguística" ou do implícito não discursivo, em oposição ao implícito discursivo e concluído que se refere ainda a um código. Constrói uma pragmática que penetra toda a linguística, e tende para um estudo dos agenciamentos de enunciação, considerados de um ponto de vista "jurídico", "polêmico" ou "político".

20 de novembro de 1923 — Postulados da linguística 17

redundância tem duas formas, *frequência e ressonância*, a primeira concernente à significância da informação, a segunda (EU = EU) concernente à *[101]* subjetividade da comunicação. Mas o que surge desse ponto de vista é justamente a subordinação da informação e da comunicação, ou, mais ainda, da significância e da subjetivação, em relação à redundância. Ocorre que informação e comunicação se separam; e, igualmente, que se destacam uma significância abstrata da informação e uma subjetivação abstrata da comunicação. Mas nada disso nos dá uma forma primária ou implícita da linguagem. Não existe significância independente das significações dominantes nem subjetivação independente de uma ordem estabelecida de sujeição. Ambas dependem da natureza e da transmissão das palavras de ordem em um campo social dado.

Não existe enunciação individual nem mesmo sujeito de enunciação. Entretanto, existem relativamente poucos linguistas que tenham analisado o caráter necessariamente social da enunciação.[9] É porque esse caráter não é suficiente por ele mesmo, e pode, ainda, ser extrínseco: assim, ou se fala demais ou muito pouco sobre ele. O caráter social da enunciação só é intrinsecamente fundado se chegamos a mostrar como a enunciação remete, por si mesma, aos *agenciamentos coletivos*. Assim, compreende-se que só há individuação do enunciado, e da subjetivação da enunciação, quando o agenciamento coletivo impessoal o exige e o determina. Esse é precisamente o valor exemplar do discurso indireto, *e sobretudo do discurso indireto "livre"*: não há contornos distintivos nítidos, não há, antes de tudo, inserção de enunciados diferentemente individuados, nem encaixe de sujeitos de enunciação diversos, mas um agenciamento coletivo que irá determinar como sua consequência os processos relativos de subjetivação, as atribuições de individualidade e suas distribuições moventes no discurso. Não é a distinção dos sujeitos que explica o discurso indireto; é o agenciamento, tal como surge livremente nesses

---

[9] Mikhail Bakhtin e William Labov insistiram, de duas maneiras diferentes, no caráter social da enunciação. Dessa forma, eles se opõem não apenas ao subjetivismo, mas ao estruturalismo, dado que este remete o sistema da língua à compreensão de um indivíduo de direito, e os fatores sociais, aos indivíduos de fato enquanto falantes.

discursos, que explica todas as vozes presentes em uma voz, as risadas de meninas em um monólogo de Charlus, as línguas em uma língua, as palavras de ordem em uma palavra. O assassino americano "Son of Sam" matava sob o impulso de uma voz ancestral, mas que passava, ela mesma, pela voz de um cão. É a noção de agenciamento coletivo de enunciação que devém a mais importante, já que deve dar conta do caráter social. Ora, podemos, sem dúvida, definir o agenciamento coletivo pelo complexo redundante do ato e do enunciado que o efetua necessariamente. *[102]* Mas temos aí apenas uma definição nominal; e não estamos nem mesmo em condições de justificar nossa posição precedente segundo a qual a redundância não se reduz a uma simples identidade (ou segundo a qual não há simples identidade do enunciado e do ato). Se se quer passar a uma definição real do agenciamento coletivo, perguntar-se-á em que consistem os atos imanentes à linguagem, atos que estão em redundância com os enunciados ou criam palavras de ordem.

Parece que esses atos se definem pelo conjunto das *transformações incorpóreas* em curso em uma sociedade dada, e que *se atribuem* aos corpos dessa sociedade. Podemos dar à palavra "corpo" o sentido mais geral (existem corpos morais, as almas são corpos etc); devemos, entretanto, distinguir as ações e as paixões que afetam esses corpos, e os atos, que são apenas seus atributos não corpóreos, ou que são "o expresso" de um enunciado. Quando Ducrot se pergunta em que consiste um ato, ele chega precisamente ao agenciamento jurídico, e dá como exemplo a sentença do magistrado, que transforma o acusado em condenado. Na verdade, o que se passa antes — o crime pelo qual se acusa alguém — e o que se passa depois — a execução da pena do condenado — são ações-paixões afetando os corpos (corpo da propriedade, corpo da vítima, corpo do condenado, corpo da prisão); mas a transformação do acusado em condenado é um puro ato instantâneo ou um atributo incorpóreo, que é o expresso da sentença do magistrado.[10] A paz e a guerra são estados ou misturas de

---

[10] Oswald Ducrot, *Dire et ne pas dire*, cit., p. 77: "Qualificar uma ação como crime (roubo, abuso de confiança, chantagem etc) não é, no sentido que damos a esse termo, apresentá-la como um *ato*, visto que a situação jurídica de culpabilidade, que define o crime, é considerada como resultante de tais ou quais

corpos muito diferentes; mas o decreto de mobilização geral exprime uma transformação incorpórea e instantânea dos corpos. Os corpos têm uma idade, uma maturação, um envelhecimento; mas a maioridade, a aposentadoria, determinada categoria de idade, são transformações incorpóreas que se atribuem imediatamente aos corpos, nessa ou naquela sociedade. "Você não é mais uma criança...": esse enunciado diz respeito a uma transformação incorpórea, mesmo que esta se refira aos corpos e se insira em suas ações e paixões. A transformação incorpórea é reconhecida por sua instantaneidade, por sua imediatidade, pela simultaneidade do enunciado que a exprime e do efeito que ela produz; eis *[103]* por que as palavras de ordem são estritamente datadas, hora, minuto e segundo, e valem tão logo datadas. O amor é uma mistura de corpos que pode ser representada por um coração atravessado por uma flecha, por uma união de almas etc; mas a declaração "Eu te amo" expressa um atributo não corpóreo dos corpos, tanto do amante quanto do amado. Comer pão e beber vinho são misturas de corpos; comunicar com o Cristo é também uma mistura entre corpos propriamente espirituais, não menos "reais". Mas a transformação do corpo do pão e do vinho em corpo e sangue do Cristo é a pura expressão de um enunciado, atribuído aos corpos. Em um sequestro de avião, a ameaça do bandido que aponta um revólver é evidentemente uma ação; da mesma forma que a execução de reféns, caso ocorra. Mas a transformação dos passageiros em reféns, e do corpo-avião em corpo-prisão, é uma transformação incorpórea instantânea, um *mass-media act* no sentido em que os ingleses falam de *speech-act*. As palavras de ordem ou os agenciamentos de enunciação em uma sociedade dada — em suma, o ilocutório — designam essa relação instantânea dos enunciados com as transformações incorpóreos ou atributos não corpóreos que eles expressam.

Essa instantaneidade da palavra de ordem que pode ser projetada ao infinito, situada na origem da sociedade, é bastante curiosa:

consequências outras da atividade descrita: tal atividade é considerada como passível de punição por prejudicar os outros, a ordem, a sociedade etc. O enunciado de uma sentença por um juiz pode, ao contrário, ser considerado como um ato jurídico, visto que nenhum efeito vem se intercalar entre a palavra do juiz e a transformação do acusado em condenado".

assim, em Rousseau, a passagem do estado de natureza ao estado civil é como um salto no mesmo lugar, uma transformação incorpórea que se faz no instante Zero. A História real narra, sem dúvida, as ações e as paixões dos corpos que se desenvolvem em um campo social, ela as comunica de uma certa maneira; mas também transmite as palavras de ordem, isto é, os atos puros que se intercalam nesse desenvolvimento. A História não se desembaraçará das datas. Talvez seja a economia, ou a análise financeira, que melhor mostre a presença e a instantaneidade desses atos decisórios em um processo de conjunto (é por isso que os enunciados certamente não fazem parte da ideologia, mas já operam no domínio suposto da infraestrutura). A inflação galopante na Alemanha, depois de 1918, é um processo que afeta o corpo monetário, e muitos outros corpos; mas o conjunto das "circunstâncias" possibilita subitamente uma transformação semiótica que, para ser teoricamente indexada sobre o corpo da terra e dos ativos materiais, não é por isso menos um ato puro ou uma transformação incorpórea — o *20 de novembro de 1923*...[11] *[104]*

Os agenciamentos não cessam de variar, de ser eles mesmos submetidos a transformações. Em primeiro lugar, é necessário fazer intervir as circunstâncias: Benveniste mostra que um enunciado per-

---

[11] J. K. Galbraith, *L'Argent*, Paris, Gallimard/Idées, 1975, "L'Inflation finale", pp. 259 ss.: "A cortina caiu em 20 de novembro de 1923. Assim como para a Áustria um ano antes, o fim chega brutalmente. E como a inflação francesa de menor amplitude, *ela termina* com uma facilidade desconcertante. Terminou talvez porque não pudesse mais continuar. Em 20 de novembro *decretou-se* que o velho *Reichmarck* não era mais uma moeda. Instaurou-se uma nova, o *Rentenmark*. (...) *Decretou-se* que esse novo *Rentenmark* seria garantido por uma hipoteca sobre o conjunto do solo e dos outros ativos materiais detidos pelo Reich. A origem dessas ideias remonta aos *assignats*:* mas essa nova moeda era nitidamente *mais fraudulenta* [Galbraith quer dizer: desterritorializada]. Na França de 1789, existiam vastas terras recentemente confiscadas da Igreja que poderiam, no início, ser trocadas por moeda. Mas se um alemão tivesse exercido um direito de posse sobre a propriedade fundiária, *ter-se-ia duvidado de sua saúde mental*. E, entretanto, o sistema funcionou. Com a ajuda das circunstâncias. (...) Se, depois de 1923, o orçamento alemão tivesse sido submetido às mesmas exigências que anteriormente (as indenizações e o custo da resistência passiva), nada teria salvado o marco e sua reputação. [* *Assignats*: papel moeda emitido durante a Revolução Francesa e que era, em princípio, caucionado nos bens nacionais. (N. da T.)]

formativo não é nada fora das circunstâncias que o tornam o que é. Alguém pode gritar "decreto a mobilização geral"; esta será uma ação de infantilidade ou de demência, e não um ato de enunciação, se não existir uma variável efetuada que dê o direito de enunciar. O mesmo é verdade em relação a "eu te amo", que não possui sentido nem sujeito, nem destinatário, fora das circunstâncias que não se contentam em torná-lo crível, mas fazem dele um verdadeiro agenciamento, um marcador de poder, mesmo no caso de um amor infeliz (é ainda por vontade de potência que se obedece...). Ora, o termo geral circunstâncias não deve fazer crer que se trata somente de circunstâncias exteriores. "Eu juro" não é o mesmo se for dito em família, na escola, em um amor, no interior de uma sociedade secreta, no tribunal: não é a mesma coisa, mas tampouco é o mesmo enunciado; não é a mesma situação de corpo, mas tampouco é a mesma transformação incorpórea. A transformação se refere aos corpos, mas ela mesma é incorpórea, interior à enunciação. Existem variáveis de expressão *que colocam a língua em relação com o fora, mas precisamente porque elas são imanentes à língua.* Enquanto a linguística se atém a constantes — fonológicas, morfológicas ou sintáticas — relaciona o enunciado a um significante e a enunciação a um sujeito, perdendo, assim, o agenciamento, remete as circunstâncias ao exterior, fecha a língua sobre si e faz da pragmática um resíduo. Ao contrário, a pragmática não recorre simplesmente às circunstâncias externas: destaca variáveis de expressão ou de enunciação que são para a língua razões internas suficientes para não se fechar sobre si. Como diz Bakhtin, enquanto a linguística extrai constantes, permanece incapaz de nos fazer compreender como uma palavra forma uma enunciação completa; é necessário um "elemento suplementar que permanece inacessível a todas *[105]* as categorias ou determinações linguísticas", embora seja completamente interior à teoria da enunciação ou da língua.[12] A palavra de ordem é, precisamente, a variável que faz da palavra como tal uma

[12] Mikhail Bakhtin, *Le Marxisme et la philosophie du langage*, cit., pp. 156-7. E sobre "as relações de força simbólica" enquanto variáveis interiores à enunciação, cf. Pierre Bourdieu, "L'économie des échanges linguistiques", em *Linguistique et sociolinguistique, Langue Française*, nº 34, maio 1977, Paris, Larousse, pp. 18-21.

enunciação. A instantaneidade da palavra de ordem, sua imediatidade, lhe confere uma potência de variação em relação aos corpos aos quais se atribui a transformação.

A pragmática é uma política da língua. Um estudo como o de Jean-Pierre Faye acerca da constituição dos enunciados nazistas no campo social alemão é exemplar a esse respeito (e não se pode rebatê--los sobre a constituição dos enunciados fascistas na Itália). Tais pesquisas transformacionais referem-se à variação das palavras de ordem e dos atributos não corpóreos que se relacionam aos corpos sociais, efetuando atos imanentes. Tomar-se-á por exemplo igualmente, em outras condições, a formação de um tipo de enunciados propriamente leninistas na Rússia soviética, a partir do texto de Lênin intitulado "Sobre as palavras de ordem" (1917). Esta já era uma transformação incorpórea que havia destacado das massas uma classe proletária enquanto agenciamento de enunciação, antes que fossem dadas as condições de um proletariado como corpo. Golpe de gênio da I Internacional marxista, que "inventa" um novo tipo de classe: proletários de todo o mundo, uni-vos![13] Mas, graças à ruptura com os social-democratas, Lênin inventa ou decreta ainda uma outra transformação incorpórea, que destaca da classe proletária uma vanguarda como agenciamento de enunciação, e que será atribuída ao "Partido", a um novo tipo de partido como corpo distinto, pronto para cair em um sistema de redundância propriamente burocrático. Aposta leninista, golpe de audácia? Lênin declara que a palavra de ordem "Todo poder aos sovietes" só valeu de 27 de fevereiro a 4 de julho, para o desenvolvimento pacífico da Revolução, mas não valia mais para o estado de guerra, sendo que a passagem de um a outro implicava essa transformação que não se contenta em ir das massas a um proletariado diretor, mas do proletariado a uma vanguarda dirigente. Em *4 de julho, exatamente*, termina o poder aos sovietes. Podem-se assinalar todas as circunstâncias exteriores: não somente [106] a guerra, mas a insurreição

---

[13] A própria noção de classe proletária suscita a pergunta: o proletariado já existe nesse momento, e como corpo? (ou então: ainda existe?). Vê-se como os marxistas utilizam-se disso antecipadamente, por exemplo, quando falam de um "proletariado embrionário".

que força Lênin a fugir para a Finlândia. Mesmo assim, o 4 de julho continua sendo a data que se enuncia a transformação incorpórea, antes que o corpo ao qual ela será atribuída, o próprio Partido, esteja organizado. "Toda palavra de ordem deve ser deduzida da soma das particularidades de uma situação política determinada." Se se objeta que essas particularidades remetem justamente à política e não à linguística, é necessário observar até que ponto a política trabalha a língua de dentro, fazendo variar não apenas o léxico, mas a estrutura e todos os elementos de frases, ao mesmo tempo em que as palavras de ordem mudam. Um tipo de enunciado só pode ser avaliado em função de suas implicações pragmáticas, isto é, de sua relação com pressupostos implícitos, com atos imanentes ou transformações incorpóreas que ele exprime, e que vão introduzir novos recortes entre os corpos. A verdadeira intuição não é o juízo de gramaticalidade, mas a avaliação das variáveis interiores de enunciação em relação ao conjunto das circunstâncias.

Passamos dos comandos explícitos às palavras de ordem como pressupostos implícitos; das palavras de ordem aos atos imanentes ou transformações incorpóreas que eles expressam; depois, aos agenciamentos de enunciação dos quais eles são as variáveis. Quando essas variáveis se relacionam de determinado modo em um dado momento, os agenciamentos se reúnem em um *regime de signos ou máquina semiótica*. Mas é evidente que uma sociedade é perpassada por diversas semióticas, e possui de fato regimes mistos. Além disso, novas palavras de ordem surgem em um outro momento, fazendo variar as variáveis, e não pertencendo, ainda, a um regime conhecido. É então de diversas maneiras que a palavra de ordem é redundância; ela não o é apenas em função de uma transmissão que lhe é essencial, mas o é também em si mesma e desde sua emissão, em sua relação "imediata" com o ato ou com a transformação que efetua. Mesmo a palavra de ordem em ruptura com uma semiótica considerada já é redundância. É por isso que o agenciamento coletivo de enunciação não tem outros enunciados a não ser aqueles de um discurso sempre indireto. O discurso indireto é a presença de um enunciado relatado em um enunciado relator, a presença da palavra de ordem na palavra. É toda a linguagem que é discurso indireto. Ao invés de o discurso indireto supor um discurso direto, é este que é extraído daquele, à medida que as operações de significância e os processos de subjetivação em um agenciamento se encontram distribuídos, atribuídos, consignados, ou à medida que as variáveis do agenciamento estabelecem relações constantes, por mais provisórias que sejam. O discurso direto é um fragmento de massa destacado, e nasce do desmembramento do agenciamento coletivo; mas este é *[107]* sempre como o rumor onde coloco meu nome próprio, o conjunto das vozes concordantes ou não de onde tiro minha voz. Depondo sempre de um agenciamento de enunciação molecular, que não é dado em minha consciência, assim como não depende apenas de minhas determinações sociais aparentes, e que reúne vários regimes de signos heterogêneos. Glossolalia. Escrever é talvez trazer à luz esse agenciamento do inconsciente, selecionar as vozes sussurrantes, convocar as tribos e os idiomas secretos, de onde extraio algo que denomino Eu [Moi]. EU [JE]* é uma palavra de ordem. Um esquizofrênico declara: "ouvi vozes dizendo: *ele tem consciência da vida*".[14] Existe então, nesse sentido, um cogito esquizofrênico, mas que faz da consciência de si a transformação incorpórea de uma palavra de ordem ou o resultado de um discurso indireto. Meu discurso direto é ainda o discurso indireto livre que me percorre de um lado a outro, e que vem de outros mundos ou de outros planetas. É por isso que tantos artistas e tantos escritores foram tentados pela experiência do copo que se move na mesa. Consequentemente, quando perguntamos qual é a faculdade própria à palavra de ordem, devemos reconhecer nela características estranhas: uma espécie de instantaneidade na emissão, na percepção e na transmissão das palavras de ordem; uma grande variabilidade, e uma potência de esquecimento que faz com que nos sintamos inocentes diante das palavras de ordem que seguimos, e depois abandonamos, para acolher outras em seu lugar; uma capacidade propriamente ideal ou fantasmática na apreensão das transformações incorpóreas; uma aptidão para apreender a linguagem

---

* *Eu* corresponde a *je* empregado como substantivo no original, enquanto eu corresponde ao francês *moi*. (N. da T.)

[14] Citado por David Cooper, *Le Langage de la folie*, Paris, Seuil, 1978, pp. 32-3. Cooper comenta: "o termo *ouvir vozes* significa que se devém consciente de algo que ultrapassa a consciência do discurso normal [i.e. direto] e que deve, consequentemente, ser experimentado como diferente".

sob a forma de um imenso discurso indireto.[15] Faculdade do ponto no teatro e *[108]* de quem o escuta, faculdade da canção que coloca sempre uma ária em uma ária, em uma relação de redundância, faculdade mediúnica na verdade, glossolálica ou xenoglóssica.

Retornemos à questão: em que é assim definida uma função-linguagem, uma função coextensiva à linguagem? É evidente que as palavras de ordem, os agenciamentos coletivos ou regimes de signos, não se confundem com a linguagem. Mas efetuam a condição desta (*sobrelinearidade da expressão*); preenchem, em cada caso, esta condição, de forma que, sem eles, a linguagem permaneceria como pura virtualidade (caráter sobrelinear do discurso indireto). E certamente os agenciamentos variam, se transformam. Mas não variam necessariamente

---

[15] Elias Canetti é um dos raros autores interessados no modo de ação psicológico da palavra de ordem (*Masse et puissance*, Paris, Gallimard, 1966, pp. 321-53). Canetti supõe que uma ordem imprime na alma e na carne um tipo de aguilhão que forma um quisto, uma parte endurecida, eternamente conservada. Só podemos, então, nos livrar dela, passando-a, o mais rápido possível, aos outros, para fazer "massa", correndo o risco de que a massa se volte contra o emissor da palavra de ordem. Mas além disso, o fato de a palavra de ordem ser como um corpo estranho no corpo, um discurso indireto na fala, explica o prodigioso esquecimento: "O executante não acusa a si mesmo, acusa o aguilhão, a instância estrangeira, o verdadeiro culpado, por assim dizer, que transporta por toda a parte com ele. (...) O aguilhão é o testemunho perpétuo de que nem mesmo fomos o autor de tais atos. Sentimo-nos vítimas dele, e não resta então o menor sentimento para com a verdadeira vítima. É, portanto, verdade que os homens que agiram por ordem se consideram perfeitamente inocentes", e eles recomeçam, de forma ainda melhor, com outras palavras de ordem (p. 352). Canetti fornece aqui uma explicação profunda para o sentimento de inocência dos nazistas, ou para a capacidade de esquecimento dos antigos stalinistas, mais amnésicos ainda quando invocam sua memória e seu passado para se arrogarem o direito de lançar ou de seguir novas palavras de ordem ainda mais dissimuladas, "mania de aguilhões". A análise de Canetti parece-nos essencial a esse respeito. Entretanto, pressupõe a existência de uma faculdade psíquica muito particular, sem a qual a palavra de ordem não poderia possuir esse modo de ação. Toda a teoria racionalista clássica, de um "senso comum", de um bom senso universalmente compartilhado, fundado na informação e na comunicação, é uma maneira de encobrir ou de ocultar, e de justificar previamente, uma faculdade muito mais inquietante que é a das palavras de ordem. Faculdade singularmente irracional que caucionamos ainda mais quando a abençoamos com o nome de razão pura, nada senão a razão pura...

segundo cada língua, não correspondem às diversas línguas. Uma língua parece se definir pelas constantes fonológicas, semânticas, sintáticas, que coexistem em seus enunciados; o agenciamento coletivo, ao contrário, concerne ao uso dessas constantes em função das variáveis interiores à própria enunciação (as variáveis de expressão, os atos imanentes ou transformações incorpóreas). Constantes diferentes, de diferentes línguas, podem ter o mesmo uso; e as mesmas constantes, em uma determinada língua, podem ter usos diferentes, seja sucessivamente, seja mesmo simultaneamente. Não podemos nos ater a uma dualidade entre as constantes como fatores linguísticos, explícitos ou explicitáveis, e às variáveis como fatores extrínsecos não linguísticos. Pois as variáveis pragmáticas de uso são interiores à enunciação, e formam os pressupostos implícitos da língua. Se então o agenciamento coletivo é, em todos os casos, coextensivo à língua considerada, e à própria linguagem, é porque exprime o conjunto das transformações incorpóreas que efetuam a condição da linguagem, e que utilizam os elementos da língua. A função-linguagem assim definida não é informativa nem comunicativa; não remete a uma informação significante nem a uma comunicação intersubjetiva. E de nada serviria abstrair uma significância fora da informação, ou uma subjetividade fora da comunicação. Pois *[109]* é o processo de subjetivação e o movimento de significância que remetem aos regimes de signos ou agenciamentos coletivos. A função-linguagem é transmissão de palavras de ordem, e as palavras de ordem remetem aos agenciamentos, como estes remetem às transformações incorpóreas que constituem as variáveis da função. A linguística não é nada fora da pragmática (semiótica ou política) que define a efetuação da *condição* da linguagem e o *uso* dos elementos da língua.

II. HAVERIA UMA MÁQUINA ABSTRATA DA LÍNGUA, QUE NÃO RECORRERIA A QUALQUER FATOR "EXTRÍNSECO"

Se, em um campo social, distinguimos o conjunto das modificações corpóreas e o conjunto das transformações incorpóreas, encontramos, apesar da variedade de cada um, duas formalizações: uma de *conteúdo*, outra de *expressão*. Com efeito, o conteúdo não se opõe à forma, ele tem sua própria formalização: o polo mão-ferramenta, ou a lição das coisas. Mas ele se opõe à expressão, dado que esta tem também sua própria formalização: o polo rosto-linguagem, a lição dos signos. É precisamente porque o conteúdo tem sua forma assim como a expressão, que não se pode jamais atribuir à forma de expressão a simples função de representar, de descrever ou de atestar um conteúdo correspondente: não há correspondência nem conformidade. As duas formalizações não são de mesma natureza, e são independentes, heterogêneas. Os estoicos foram os primeiros a elaborar a teoria dessa independência: eles distinguem as ações e as paixões dos corpos (dando à palavra "corpo" a maior extensão, isto é, todo o conteúdo formado), e os atos incorpóreos (que são o "expresso" dos enunciados). A forma de expressão será constituída pelo encadeamento dos expressos, como a forma de conteúdo pela trama dos corpos. Quando o punhal entra na carne, quando o alimento ou o veneno se espalha pelo corpo, quando a gota de vinho é vertida na água, há *mistura de corpos*; mas os enunciados "o punhal corta a carne", "eu como", "a água enrubesce", exprimem *transformações incorpóreas* de natureza completamente diferente (acontecimentos).[16] Genialidade dos estoicos, a de ter levado esse paradoxo ao ponto máximo, até a demência e ao cinismo, e a de tê-lo fundado nas mais sérias razões: a recompensa é a de terem sido os primeiros a elaborar uma filosofia da linguagem. *[110]*

O paradoxo não vale nada, se não se acrescentar, com os estoicos: as transformações incorpóreas, os atributos incorpóreos, são ditos, e só são ditos, acerca dos próprios corpos. Eles são o expresso dos enunciados, mas *são atribuídos* aos corpos. Não se trata, contudo, de descrever ou representar os corpos; pois estes já têm suas qualidades próprias, suas ações e suas paixões, suas almas, em suma, suas formas, que são, elas mesmas, corpos — e as representações também são corpos! Se os atributos não corpóreos são ditos acerca dos corpos, se podemos distinguir o expresso incorpóreo "avermelhar" e a qualidade corpórea "vermelha" etc, é então por uma razão bem dife-

---

[16] Cf. o livro clássico de Émile Bréhier, *La Théorie des incorporels dans l'ancien stoïcisme*, Paris, Vrin, 1928, p. 12; p. 20, sobre os enunciados "a faca corta a carne" ou "a árvore verdeja".

rente do que a da representação. Não se pode nem mesmo dizer que o corpo, ou o estado de coisas, seja o "referente" do signo. Expressando o atributo não corpóreo, e simultaneamente atribuindo-o ao corpo, não representamos, não referimos, *intervimos* de algum modo, e isto é um ato de linguagem. A independência das duas formas, a de expressão e a de conteúdo, não é contradita, mas ao contrário confirmada, pelo fato de que as expressões ou os expressos vão se inserir nos conteúdos, intervir nos conteúdos, não para representá-los, mas para antecipá-los, retrocedê-los, retardá-los ou precipitá-los, destacá-los ou reuni-los, recortá-los de um outro modo. A cadeia das transformações instantâneas vai se inserir, o tempo todo, na trama das modificações contínuas (daí o sentido das datas nos estoicos: a partir de que momento se pode dizer que alguém é careca? E em que sentido um enunciado do tipo "haverá uma batalha naval amanhã" é uma data ou uma palavra de ordem?). A noite de 4 de agosto, o 4 de julho de 1917, o 20 de novembro de 1923: que transformação incorpórea está expressa, que entretanto é atribuída aos corpos, e neles se insere? A independência da forma de expressão e da forma de conteúdo não funda qualquer paralelismo entre as duas, tampouco qualquer representação de uma para a outra, mas, ao contrário, um esfacelamento das duas, uma maneira cujas expressões se inserem nos conteúdos, por meio da qual se salta sem cessar de um registro a outro, cujos signos trabalham as próprias coisas, ao mesmo tempo em que as coisas se estendem ou se desenrolam através dos signos. Um agenciamento de enunciação não fala "das" coisas, mas fala *diretamente* os estados de coisas ou estados de conteúdo, de tal modo que um mesmo x, uma mesma partícula, funcionará como corpo que age e sofre, ou mesmo como signo que faz ato, que faz palavra de ordem, segundo a forma na qual se encontra (como no conjunto teórico-experimental da física). Em suma, a independência funcional das duas formas é somente a forma de sua pressuposição recíproca, e da passagem incessante de uma a outra. Nunca nos encontramos diante de um encadeamento de palavras de ordem, e de uma causalidade de *[111]* conteúdos, cada um valendo por si, ou um representando o outro, e o outro servindo como referente. Ao contrário, a independência das duas linhas é distributiva, e faz com que um segmento de uma reveze, sem cessar, com um segmento da outra, que se insinue ou se introduza na outra. Não cessamos de passar das palavras de ordem à "ordem muda" das coisas, como diz Foucault, e vice-versa.

Mas quando empregamos essa palavra vaga "intervir", quando dizemos que as expressões intervêm ou se inserem nos conteúdos, isso não é ainda um tipo de idealismo no qual a palavra de ordem vem do céu, instantaneamente? Seria preciso determinar não uma origem, mas os pontos de intervenção, de inserção, e isso no quadro da pressuposição recíproca entre as duas formas. Ora, as formas, tanto de conteúdo quanto de expressão, tanto de expressão quanto de conteúdo, não são separáveis de um movimento de desterritorialização que as arrebata. Expressão e conteúdo, cada um deles é mais ou menos desterritorializado, relativamente desterritorializado segundo o estado de sua forma. A esse respeito, não se pode postular um primado da expressão sobre o conteúdo, ou o inverso. Os componentes semióticos são mais desterritorializados do que os componentes materiais, mas o contrário também ocorre. Por exemplo, um complexo matemático de signos pode ser mais desterritorializado do que um conjunto de partículas; mas as partículas podem, inversamente, ter efeitos experimentais que desterritorializam o sistema semiótico. Uma ação criminal pode ser desterritorializante em relação a um regime de signos existente (o solo pede vingança e se esquiva, minha culpa é grande demais); mas o signo que expressa o ato de condenação pode ser, por sua vez, desterritorializante em relação a todas as ações e reações ("tu serás fugitivo e fugidio sobre a terra", não será possível nem mesmo te matar). Em suma, existem graus de desterritorialização que quantificam as formas respectivas, e segundo os quais os conteúdos e as expressões se conjugam, se alternam, se precipitam uns sobre os outros, ou, ao contrário, se estabilizam, operando uma reterritorialização. O que denominamos circunstâncias e variáveis são esses próprios graus. Existem *variáveis de conteúdo* que são proporções nas misturas ou agregados de corpos, e existem *variáveis de expressão*, que são fatores interiores à enunciação. Na Alemanha, por volta de 20 de novembro de 1923, tem-se a inflação desterritorializante do corpo monetário, mas também a transformação semiótica do *Reichsmark* em *Rentenmark*, que predomina e torna possível uma reterritorialização. Na Rússia, por volta de 4 de julho de 1917, tem-se as proporções de um estado de "corpo" Sovietes-Governo provisório, mas igualmente a elaboração de uma semiótica incorpórea bolchevista que precipita as coisas, e será substituída, do outro lado, pela ação *[112]* detonadora do corpo do Partido. Em resumo, não é ao descobrir ou representar um conteúdo que uma expressão entra em relação com ele. É por conjugação de seus quanta de desterritorialização relativa que as formas de expressão e de conteúdo se comunicam, umas intervindo nas outras, estas interferindo naquelas.

Podem-se tirar daí conclusões gerais acerca da natureza dos Agenciamentos. Segundo um primeiro eixo, horizontal, um agenciamento comporta dois segmentos: um de conteúdo, o outro de expressão. Por um lado, ele é *agenciamento maquínico* de corpos, de ações e de paixões, mistura de corpos reagindo uns sobre os outros; por outro lado, *agenciamento coletivo de enunciação*, de atos e de enunciados, transformações incorpóreas sendo atribuídas aos corpos. Mas, segundo um eixo vertical orientado, o agenciamento tem, de uma parte, *lados territoriais* ou reterritorializados que o estabilizam e, de outra parte, *picos de desterritorialização* que o arrebatam. Ninguém mais do que Kafka soube destacar e fazer funcionar conjuntamente esses eixos do agenciamento. De um lado, a máquina-barco, a máquina-hotel, a máquina-circo, a máquina-castelo, a máquina-tribunal: cada uma com suas peças, suas engrenagens, seus processos, seus corpos enredados, encaixados, desarticulados (cf. a cabeça que fura o teto). Por outro lado, o regime de signos ou de enunciação: cada regime com suas transformações incorpóreas, seus atos, suas sentenças de morte e seus veredictos, seus processos, seu "direito". Ora, é evidente que os enunciados não representam as máquinas: o discurso do Foguista não descreve a casa de máquinas como corpo, ele tem sua forma própria, e seu desenvolvimento sem semelhança. E entretanto é atribuído ao corpo, a todo o barco como corpo. Discurso de submissão às palavras de ordem, de discussão, de reivindicação, de acusação e de petição. Isto porque, de acordo com o segundo eixo, o que se compara ou se combina de um aspecto a outro, o que coloca constantemente um dentro do outro, são os graus de desterritorialização conjugados ou alternados, e as operações de reterritorialização que estabilizam, em um dado momento, o conjunto. K, a função-K, designa a linha de fuga ou de desterritorialização que leva consigo todos os agenciamentos, mas que passa também por todas as reterritorializações e redundâncias, redundâncias de infância, de cidade, de amor, de burocracia..., etc.

Tetravalência do agenciamento. Um exemplo: o agenciamento feudal. Considerar-se-ão as misturas de corpos que definem a feudalidade: o corpo da terra e o corpo social, os corpos do suserano, do vassalo e do servo, o corpo do cavaleiro e o do cavalo, a nova relação que estabelecem com o estribo, as armas e as ferramentas que asseguram as simbioses de corpos — é tudo um agenciamento maquínico. Mas também os enunciados, as expressões, [113] o regime jurídico dos brasões, o conjunto das transformações incorpóreas, principalmente os juramentos com suas variáveis, o juramento de obediência, mas igualmente o juramento amoroso, etc: é o agenciamento coletivo de enunciação. E, de acordo com o outro eixo, as territorialidades e reterritorializações feudais, ao mesmo tempo que a linha de desterritorialização que arrebata o cavaleiro e sua montaria, os enunciados e os atos. Como tudo isso se combina nas Cruzadas.

O erro seria então o de acreditar que o conteúdo determina a expressão, por ação causal, mesmo se atribuíssemos à expressão o poder não somente de "refletir" o conteúdo, mas de reagir ativamente sobre ele. Uma tal concepção ideológica do enunciado, que o faz depender de um conteúdo econômico primeiro, enfrenta todos os tipos de dificuldades inerentes à dialética. Em primeiro lugar, se podemos conceber, a rigor, uma ação causal que vai do conteúdo à expressão, o mesmo não ocorre em relação às *formas* respectivas: a forma de conteúdo e a forma de expressão. É necessário reconhecer para esta uma independência que irá justamente permitir que as expressões reajam sobre os conteúdos. Mas essa independência é mal concebida. Se os conteúdos são considerados econômicos, a forma de conteúdo não pode sê-lo, e se encontra reduzida a uma pura abstração, a saber, a produção de bens e de meios dessa produção considerados por eles mesmos. Da mesma forma, se as expressões são consideradas ideológicas, a forma de expressão não o é, e se encontra reduzida à linguagem como abstração, como disposição de um bem comum. Consequentemente, pretende-se caracterizar os conteúdos e as expressões por meio de todas as lutas e conflitos que os atravessam sob duas formas diferentes, mas essas próprias formas são, por sua vez, isentas de qualquer luta e de qualquer conflito, e sua relação permanece completamente indeterminada.[17] Só se poderia determiná-la remanejando a teoria da ideologia, e fazendo desde logo intervir as expressões e os enunciados na produtividade, sob a forma de uma produção de sentido ou de um valor-signo. A categoria de produção tem aqui, sem dúvida, a vantagem de romper com os esquemas de representação, de informação e de comunicação. Mas seria ela mais adequada do que esses esquemas? Sua aplicação à linguagem é muito ambígua, dado que se recorre a um milagre dialético *[114]* constante que transforma a matéria em sentido; o conteúdo, em expressão; o processo social, em sistema significante.

Em seu aspecto material ou maquínico, um agenciamento não nos parece remeter a uma produção de bens, mas a um estado preciso de mistura de corpos em uma sociedade, compreendendo todas as atrações e repulsões, as simpatias e as antipatias, as alterações, as alianças, as penetrações e expansões que afetam os corpos de todos os tipos, uns em relação aos outros. Um regime alimentar, um regime sexual regulam, antes de tudo, misturas de corpos obrigatórias, necessárias ou permitidas. Até mesmo a tecnologia erra ao considerar as ferramentas nelas mesmas: estas só existem em relação às misturas que tornam possíveis ou que as tornam possíveis. O estribo engendra uma nova simbiose homem-cavalo, que engendra, ao mesmo tempo, novas armas e novos instrumentos. As ferramentas não são separáveis das simbioses ou amálgamas que definem um agenciamento maquínico Natureza-Sociedade. Pressupõem uma máquina social que as selecione e as tome em seu *phylum*: uma sociedade se define por seus amálgamas e não por suas ferramentas. E, da mesma forma, em seu aspecto coletivo ou semiótico, o agenciamento não remete a uma produtividade de linguagem, mas a regimes de signos, a uma máquina de expressão cujas variáveis determinam o uso dos elementos da língua.

---

[17] É assim que Stálin, em seu célebre texto acerca da linguística, pretende destacar duas formas neutras, que servem indiferentemente a toda a sociedade, a todas as classes e a todos os regimes: por um lado, os instrumentos e máquinas como puro meio de produzir quaisquer bens; por outro, a linguagem como puro meio de informação e de comunicação. Até mesmo Bakhtin define a linguagem como forma da ideologia, mas esclarece que a forma de ideologia não é, ela mesma, ideológica.

20 de novembro de 1923 — Postulados da linguística

Esses elementos, assim como as ferramentas, não valem por eles mesmos. Há o primado de um agenciamento maquínico dos corpos sobre as ferramentas e sobre os bens, primado de um agenciamento coletivo de enunciação sobre a língua e sobre as palavras. E a articulação dos dois aspectos do agenciamento se faz pelos movimentos de desterritorialização que quantificam suas formas. É por isso que um campo social se define menos por seus conflitos e suas contradições do que pelas linhas de fuga que o atravessam. Um agenciamento não comporta nem infraestrutura e superestrutura, nem estrutura profunda e estrutura superficial, mas nivela todas as suas dimensões em um mesmo plano de consistência em que atuam as pressuposições recíprocas e as inserções mútuas.

O outro erro (que se combina necessariamente ao primeiro) seria crer na suficiência da forma de expressão como sistema linguístico. Esse sistema pode ser concebido como estrutura fonológica significante, ou como estrutura sintática profunda. Teria, de todo modo, a virtude de engendrar a semântica, e de preencher assim a expressão, ao passo que os conteúdos seriam entregues ao arbitrário de uma simples "referência", e a pragmática, à exterioridade dos fatores não linguísticos. O que há de comum a todas essas empresas é o fato de erigirem uma *máquina abstrata da língua*, mas constituindo essa máquina [115] como um conjunto sincrônico de constantes. Ora, não se pode objetar que a máquina assim concebida seja por demais abstrata. Ao contrário, ela não o é suficientemente, permanece "linear". Permanece em um nível de abstração intermediário, que lhe permite, por um lado, considerar os fatores linguísticos neles mesmos, independentemente dos fatores não linguísticos; e, por outro lado, considerar esses fatores linguísticos como constantes. Mas, se impulsionamos a abstração, alcançamos necessariamente um nível onde as pseudoconstantes da língua dão lugar às variáveis de expressão, interiores à própria enunciação; consequentemente, essas variáveis de expressão não são mais separáveis das variáveis de conteúdo em perpétua interação. *Se a pragmática externa dos fatores não linguísticos deve ser levada em consideração, é porque a própria linguística não é separável de uma pragmática interna que concerne a seus próprios fatores.* Não basta considerar o significado, ou mesmo o referente, visto que as próprias noções de significação e de referência relacionam-se ainda a uma estrutura de expressão que se supõe autônoma e constante. De nada adianta construir uma semântica, ou mesmo reconhecer determinados direitos da pragmática, se fazemos ainda com que passem por uma máquina sintática ou fonológica que deve trabalhá-las previamente, pois uma verdadeira máquina abstrata se relaciona com o conjunto de um agenciamento: se define como o diagrama desse agenciamento. Ela não faz parte da linguagem, mas é diagramática e sobrelinear. O conteúdo não é um significado nem a expressão um significante, mas ambos são as variáveis do agenciamento. Enquanto as determinações pragmáticas, mas também semânticas, sintáticas e fonológicas, não forem diretamente relacionadas aos agenciamentos de enunciação dos quais elas dependem, nada terá sido feito. A máquina abstrata de Chomsky permanece ligada a um modelo arborescente, e à ordem linear dos elementos linguísticos nas frases e sua combinatória. Mas desde que levamos em conta os valores pragmáticos ou as variáveis interiores, principalmente em função do discurso indireto, somos forçados a fazer intervir "hiperfrases", ou a construir "objetos abstratos" (transformações incorpóreas) que implicam uma sobrelinearidade, isto é, um plano cujos elementos não possuem mais ordem linear fixa: modelo rizoma.[18] Desse ponto de vista, a interpenetração da *[116]* língua com o campo social e com os problemas políticos encontra-se no âmago da máquina abstrata, e não na superfície. A máquina abstrata enquanto relacionada ao diagrama do agenciamento nunca é linguagem pura, exceto por erro de abstração. É a lin-

[18] Sobre esses problemas, cf. Jerrold M. Sadock, "Hypersentences", Tese de Doutoramento, University of Illinois, 1968; Dieter Wunderlich, "Pragmatique, situation d'énonciation et Deixis", *Langages*, n° 26, jun. 1972, Paris, Larousse; e sobretudo S. K. Saumjan, que propõe um modelo de objetos abstratos, fundados sobre a operação de aplicação, MGA — modelo gerativo aplicativo (*Langages*, n° 33, mar. 1974). Saumjan toma Hjelmslev como referência: a força deste é a de ter concebido a forma de expressão e a forma de conteúdo como duas variáveis completamente relativas, em um mesmo plano, como "os funtivos de uma mesma função" (Louis Hjelmslev, *Prolégomènes à une théorie du langage*, Paris, Minuit, 1971, p. 85). Esse avanço em direção a uma concepção diagramática da máquina abstrata é entretanto contrariado pelo fato de Hjelmslev conceber ainda a distinção da expressão e do conteúdo no modo significante-significado, e manter assim a dependência da máquina abstrata em relação à linguística.

guagem que depende da máquina abstrata, e não o inverso. No máximo é possível distinguir, nela, dois estados de diagrama: um no qual as variáveis de conteúdo e de expressão se distribuem segundo sua forma heterogênea em pressuposição recíproca em um plano de consistência; outro, no qual não se pode nem mesmo distingui-las, porque a variabilidade do mesmo plano fez com que este predominasse precisamente sobre a dualidade das formas, tornando-as "indiscerníveis". (O primeiro estado remeteria a movimentos de desterritorialização ainda relativos, ao passo que o segundo teria alcançado um limiar absoluto da desterritorialização.)

III. Haveria constantes ou universais da língua que permitiriam defini-la como um sistema homogêneo

A questão das invariantes estruturais — e a própria ideia de estrutura é inseparável de tais invariantes, atômicas ou relacionais — é essencial para a linguística. É sob essa condição que a linguística pode reivindicar para si uma pura cientificidade, nada a não ser a ciência..., a salvo de qualquer fator supostamente exterior ou pragmático. Essa questão das invariantes assume diversas formas estreitamente ligadas: 1) as constantes de uma língua (fonológicas, por comutatividade; sintáticas, por transformatividade; semânticas, por geratividade); 2) os universais da linguagem (por decomposição do fonema em traços distintivos; da sintaxe, em constituintes de base; da significação, em elementos semânticos mínimos); 3) as árvores, que ligam as constantes entre si, com correlações binárias no conjunto das árvores (cf. o método linear arborescente de Chomsky); 4) a competência, coextensiva em direito à língua e definida pelos juízos de gramaticalidade; 5) a homogeneidade, que se refere aos elementos e às relações não menos do que aos juízos intuitivos; 6) a sincronia, que erige um "em-si" e um "para-si" *[117]* da língua, passando perpetuamente do sistema objetivo à consciência subjetiva que o apreende em direito (o do próprio linguista).

Pode-se trabalhar com todos esses fatores, retirando ou mesmo acrescentando alguns deles. Entretanto, permanecem todos juntos, porque se encontra, no nível de um, o essencial de todos os outros. Por exemplo, a distinção língua-fala é retomada em competência-performance, mas no nível da gramaticalidade. Se objetamos que a distinção da competência e da performance é completamente relativa — uma competência linguística pode ser econômica, religiosa, política, estética... etc; a competência escolar de um professor primário pode ser somente uma competência em relação ao juízo do inspetor ou às regras ministeriais —, os linguistas respondem que estão prontos a multiplicar os níveis de competência, e mesmo a introduzir valores pragmáticos no sistema. É assim que Brekle propõe acrescentar um fator de "competência performancial idiossincrática", ligado a todo um conjunto de fatores linguísticos, psicológicos ou sociológicos. Mas de que adianta essa injeção de pragmática se esta, por sua vez, é considerada como tendo constantes ou universais que lhe são próprios? E em que as expressões como "eu", "prometer", "saber" seriam mais universais do que "saudar", "nomear" ou "condenar"?[19] Do mesmo modo, quando nos esforçamos para germinar as árvores chomskianas, e para quebrar a ordem linear, não ganhamos verdadeiramente nada, não constituímos um rizoma, se os componentes pragmáticos que marcam as rupturas estiverem situados no ponto mais alto da árvore, ou desaparecerem no momento da derivação.[20] Na verdade, o problema mais geral concerne à natureza da máquina abstrata: não há qualquer razão para relacionar o abstrato ao universal ou ao constante, e para apagar a singularidade das máquinas abstratas, quando estas são construídas em torno de variáveis e variações.

Pode-se compreender melhor o que está em questão remetendo à discussão que opõe Chomsky a Labov. Que toda língua seja uma realidade compósita essencialmente heterogênea, os linguistas o sabem e o afirmam; mas esta é uma observação *de fato*. Chomsky exige somente que se trace, dentro desse conjunto, um sistema homogêneo ou padrão como condição de abstração, de idealização, tornando possível um estudo científico *[118] de direito*. Não se trata, então, de se ater

---

[19] Cf. H. E. Brekle, *Sémantique*, Paris, Armand Colin, 1974, pp. 94-104: sobre a ideia de uma pragmática universal e de "universais de diálogo".

[20] Sobre esse germinar e suas diferentes representações, cf. Dieter Wunderlich, "Pragmatique...", cit.

a um inglês padrão, pois, mesmo quando estudar o *black-english* ou o inglês dos guetos, o linguista se achará na obrigação de destacar um sistema padrão que garanta a constância e a homogeneidade do objeto estudado (nenhuma ciência poderia proceder diferentemente, diz-se). Chomsky finge acreditar que Labov, quando afirma seu interesse pelos traços variáveis da linguagem, se instala assim em uma pragmática de fato, exterior à linguística.[21] Entretanto, Labov tem uma outra ambição. Quando ele destaca linhas de *variação-inerente*, não vê nestas simplesmente "variantes livres" que se refeririam à pronúncia, ao estilo ou aos traços não pertinentes, estando fora do sistema e deixando subsistir a homogeneidade do sistema; mas tampouco uma mistura de fato entre dois sistemas na qual cada um seria homogêneo por sua conta, como se o locutor passasse de um a outro. Ele recusa a alternativa na qual a linguística quis se instalar: atribuir variantes a sistemas diferentes, ou antes remetê-los para aquém da estrutura. É a própria variação que é sistemática, no sentido em que os músicos dizem "o tema é a variação". Na variação, Labov vê um componente de direito que afeta, de dentro, cada sistema, e o faz seguir ou saltar por sua própria potência, impedindo-o de fechar-se sobre si, de homogeneizá-lo em princípio. E sem dúvida as variações consideradas por Labov são de natureza completamente diversa — fonéticas, fonológicas, sintáticas, semânticas, estilísticas. Parece-nos difícil objetar a Labov que ele ignora a distinção do direito e do fato — ou da linguística e da estilística, ou da sincronia e da diacronia, ou dos traços pertinentes e dos traços não pertinentes, ou da competência e da performance, ou da gramaticalidade da língua e da agramaticalidade da fala. Mesmo com o risco de cristalizar as posições de Labov, dir-se-ia, antes, que ele propõe uma outra distribuição do fato e do direito, e sobretudo uma outra concepção do próprio direito e da abstração. Labov toma o exemplo de um jovem negro que, em uma série muito curta de frases, parece passar dezoito vezes do sistema *black-english* ao sistema padrão, e vice-versa. Mas justamente, não é a distinção abstrata dos dois sistemas que se revela arbitrária, insuficiente, visto

---

[21] Noam Chomsky e Mitsou Ronat, *Dialogues*, Paris, Flammarion, 1977, pp. 72-4.

que a maioria das formas só se relaciona a um ou a outro sistema pelos acasos dessa ou daquela sequência? Assim, não se deveria convir que todo sistema está em variação e se define, não por suas constantes e sua homogeneidade, mas, ao contrário, por uma variabilidade que tem como características ser imanente, *[119]* contínua e regulada segundo um modo muito particular (regras *variáveis ou facultativas*)?[22]

Como conceber essa variação contínua que trabalha, de dentro, uma língua, mesmo se devemos sair dos limites aos quais se fixa Labov, e das condições de cientificidade que a linguística invoca? Em um mesmo dia, um indivíduo passa constantemente de uma língua a outra. Sucessivamente, falará como "um pai deve fazê-lo", depois como um patrão; com a amada, falará uma língua infantilizada; dormindo, mergulha em um discurso onírico, e bruscamente volta a uma língua profissional quando o telefone toca. Objetar-se-á que essas variações são extrínsecas, e que o que ele usa não deixa de ser a mesma língua. Mas afirmá-lo é prejulgar o que está em questão. Pois, por um lado, não é certo que seja a mesma fonologia, nem a mesma sintaxe, a mesma semântica. Por outro, toda questão é a de saber se a língua considerada a mesma se define por invariantes ou, ao contrário, pela linha de variação contínua que a perpassa. Alguns linguistas sugeriram que a mudança linguística se faz menos por ruptura de um sistema do que por modificação gradual de frequência, por coexistência e continuidade de usos diferentes. Considere-se um só e mesmo enunciado: "eu juro!". Não é o mesmo enunciado se for dito por uma criança diante de seu pai, por um apaixonado diante de sua amada, por uma testemunha diante de um tribunal. É como se fossem três sequências. (Ou como os quatro Améns apresentados em sete sequências, de Messaien.) Ainda aqui não vemos qualquer razão para dizer que as variáveis são somente de situação e que o enunciado permanece constante de direito. Não apenas existem tantos enunciados quantas efetuações, como o conjunto de enunciados se encontra presente na efetuação de um deles, de forma que a linha de variação seja virtual, isto é, real sem

---

[22] William Labov, *Sociolinguistique*, cit., principalmente pp. 262-5. Observar-se-á que Labov ora se impõe a condição restritiva de considerar enunciados que têm quase o mesmo sentido, ora abandona essa condição para seguir um encadeamento de enunciados complementares, porém heterogêneos.

ser atual, contínua por esse mesmo motivo e quaisquer que sejam os saltos do enunciado. Colocar em variação contínua seria fazer passar o enunciado por todas as variáveis — fonológicas, sintáticas, semânticas, prosódicas — que podem afetá-lo no mais breve instante de tempo (o menor intervalo). Construir o *continuum* de Eu juro! com as transformações correspondentes. Este é o ponto de vista da pragmática; mas esta deveio interior à língua, imanente, e compreende a variação de quaisquer elementos linguísticos. *[120]* Por exemplo, a linha dos três processos de Kafka: o processo de pai, em família; o processo de noivado, no hotel; o processo de tribunal. Tendemos sempre a buscar uma "redução": tudo será explicado pela situação da criança face a seu pai, ou a do homem em relação à castração, ou a do cidadão em relação à lei. Mas assim nos contentamos em destacar uma pseudoconstante de conteúdo, o que não vale mais do que extrair uma pseudoconstante de expressão. Colocar em variação deve nos fazer evitar esses perigos, já que isso constrói um *continuum* ou um *medium* que não comportam início nem fim. Não se confundirá a variação contínua com o caráter contínuo ou descontínuo da própria variável: palavra de ordem, variação contínua para uma variável descontínua... Uma variável pode ser contínua em uma parte de seu trajeto, depois pular ou saltar sem que sua variação contínua seja por isso afetada, impondo um desenvolvimento ausente como uma "continuidade alternativa", virtual e entretanto real.

Uma constante, uma invariante se definem menos por sua permanência e sua duração do que por sua função de centro, mesmo relativo. No sistema tonal ou diatônico da música, as leis de ressonância e de atração determinam, em todos os modos, centros válidos, dotados de estabilidade e de poder atrativo. Esses centros são assim organizadores de formas distintas, distintivas, claramente estabelecidas durante determinadas porções de tempo: sistema centrado, codificado, linear, de tipo arborescente. É verdade que o "modo" menor, em virtude da natureza de seus intervalos e da menor estabilidade de seus acordes, confere à música tonal um caráter fugidio, evasivo, descentrado. Isso explica a ambiguidade de ser submetido a operações que o alinham pelo modelo ou padrão maior, mas entretanto também a de fazer valer uma certa potência modal irredutível à tonalidade, como se a música viajasse, e reunisse todas as ressurgências, fantasmas do oriente, recantos imaginários, tradições de todas as partes. Porém, é o temperamento, o cromatismo temperado, que apresenta uma outra ambiguidade, ainda maior: a de estender a ação do centro aos tons mais longínquos, mas igualmente preparar a desagregação do princípio central, substituir as formas centrais pelo desenvolvimento contínuo de uma forma que não para de se dissolver ou de se transformar. Quando o desenvolvimento subordina a forma e se estende ao conjunto, como em Beethoven, a variação começa a se liberar e se identifica à criação. Entretanto, é preciso esperar que o cromatismo se desencadeie, devenha um cromatismo generalizado, se volte contra o temperamento, e afete não somente as alturas, mas todos os componentes do som, durações, intensidades, timbres, ataques. Assim, *[121]* não se pode mais falar de uma forma sonora que viria organizar uma matéria; nem mesmo se pode mais falar de um desenvolvimento contínuo da forma. Trata-se, antes, de um material deveras complexo e bastante elaborado, que tornará audíveis forças não sonoras. O par matéria-forma é substituído pelo acoplamento material-forças. O sintetizador tomou o lugar do antigo "juízo sintético a priori", mas com isso todas as funções mudam. Colocando em variação contínua todos os componentes, a música devém, ela mesma, um sistema sobrelinear, um rizoma ao invés de uma árvore, e fica a serviço de um *continuum* cósmico virtual, do qual até mesmo os buracos, os silêncios, as rupturas, os cortes fazem parte. De tal forma que o importante não seja certamente um pseudocorte entre o sistema tonal e uma música atonal; esta, ao contrário, rompendo com o sistema tonal, não faz senão levar o temperamento até suas consequências extremas (entretanto, nenhum vienense se dedicou a isso). O essencial é quase o movimento inverso: a efervescência que afeta o próprio sistema tonal, em um longo período dos séculos XIX e XX, e que dissolve o temperamento, amplia o cromatismo, conservando ainda um tonal relativo, reinventa novas modalidades, conduz o maior e o menor para uma nova mescla, e ganha a cada vez domínios de variação contínua para esta ou aquela variável. Essa efervescência passa para o primeiro plano, se faz ouvir por si mesma, e faz ouvir, por seu material molecular assim trabalhado, as forças não sonoras do cosmos que sempre agitavam a música — um pouco de Tempo em estado puro, um grão de Intensidade absoluta... Tonal, modal, atonal não significam mais quase nada. Não existe senão a música para ser a arte como cosmos, e traçar as linhas virtuais da variação infinita.

Ainda aqui, objeta-se que a música não é uma linguagem, os componentes do som não são traços pertinentes da língua, não existe correspondência entre os dois. Mas não invocamos correspondência alguma, não cessamos de pedir que se deixe em aberto o que está em questão, e que se recuse toda distinção pressuposta. Antes de tudo, a distinção língua-fala foi feita para colocar fora da linguagem todos os tipos de variáveis que trabalham a expressão ou a enunciação. Jean-Jacques Rousseau propunha, ao contrário, uma relação Voz-Música, que teria podido conduzir para uma outra direção não somente a fonética e a prosódia, mas toda a linguística. A voz na música nunca deixou de ser um eixo de experimentação privilegiado, jogando ao mesmo tempo com a linguagem e com o som. A música ligou a voz e os instrumentos de maneiras bastante diversas; mas, como a voz é canto, tem por papel principal "manter" o som, preenche uma função de constante, circunscrita a uma nota, *[122]* ao mesmo tempo em que é *acompanhada* pelo instrumento. É somente quando relacionada ao timbre que ela desvela uma tessitura que a torna heterogênea a si mesma e lhe dá uma potência de variação contínua: assim não é mais acompanhada, é realmente "maquinada", pertence a uma máquina musical que coloca em prolongamento ou superposição em um mesmo plano sonoro as partes faladas, cantadas, sonoplastizadas, instrumentais e eventualmente eletrônicas. Plano sonoro de um *"glissando"* generalizado, que implica a constituição de um espaço estatístico, onde cada variável tem não um valor médio, mas uma probabilidade de frequência que a coloca em variação contínua com as outras variáveis.[23] *Rosto*, de Berio, ou *Glossolalia*, de Dieter Schnebel, seriam exemplos típicos a esse respeito. E não importa o que diga o próprio Berio, trata-se menos de produzir um simulacro de linguagem ou uma metáfora da voz, com pseudoconstantes, do que de alcançar essa língua neu-

---

[23] É assim que Labov tende a definir sua noção de "regras variáveis ou facultativas", em oposição às regras constantes: não simplesmente uma frequência constatada, mas uma quantidade específica que aponta a probabilidade de frequência ou de aplicação da regra (cf. William Labov, *Le Parler ordinaire*, Paris, Minuit, 1978, t. II, pp. 44 ss.).

tra, secreta, sem constantes, toda em discurso indireto, onde o sintetizador e o intrumento falam tanto quanto a voz, e a voz toca tanto quanto o instrumento. Não se pensará que a música não sabe mais cantar, em um mundo que deveio mecânico ou atômico, mas, antes, que um imenso coeficiente de variação afeta e arrebata todas as partes fáticas, afáticas, linguísticas, poéticas, instrumentais, musicais, de um mesmo agenciamento sonoro — "um simples uivo percorrendo todos os graus" (Thomas Mann). Os procedimentos de variação da voz são numerosos não apenas no *sprechgesang* que não cessa de abandonar a altura, por uma queda ou por uma elevação, mas nas técnicas de respiração circular, ou zonas de ressonância, onde várias vozes parecem sair da mesma boca. As línguas secretas adquirem aqui uma enorme importância, tanto na música erudita quanto na popular. Os etnomusicólogos destacaram casos extraordinários, por exemplo em Daomé, onde, ora uma primeira parte diatônica vocal dá lugar a uma descida cromática em língua secreta, deslizando de um som a outro de forma contínua, modulando um *continuum* sonoro em intervalos cada vez menores, até alcançar um *parlando* cujos intervalos param; e ora é a parte diatônica que se encontra ela mesma transposta segundo os níveis cromáticos de uma arquitetura em plataformas, sendo o canto às vezes interrompido pelo *[123] parlando*, uma simples conversa sem altura definida.[24] Talvez seja, aliás, uma característica das línguas secretas, das gírias, dos jargões, das linguagens profissionais, das fórmulas repetidas em jogos infantis, dos gritos dos vendedores, a de valerem menos por suas invenções lexicais ou por suas figuras de retórica do que pela maneira pela qual operam variações contínuas nos elementos comuns da língua. São línguas cromáticas, próximas a uma notação musical. Uma língua secreta não tem apenas uma cifra ou um código escondido que funciona ainda por meio de constante e forma um subsistema; *ela coloca em estado de variação o sistema das variáveis da língua pública.*

Eis o que queríamos dizer: um cromatismo generalizado... Colocar em variação contínua quaisquer elementos é uma operação que talvez faça surgir novas distinções, mas não reconhecendo qualquer

---

[24] Cf. o artigo de Gilbert Rouget, "Un chromatisme africain", *L'Homme*, v. 1, nº 3, set.-dez. 1961 (que traz o disco *Dahomey: chants rituels* encartado).

de seus procedimentos como adquirido, não atribuindo a si mesma nenhum destes previamente. Ao contrário, essa operação refere-se, em princípio, simultaneamente à voz, à fala, à língua, à música. Nenhuma razão para fazer distinções prévias e de princípio. A linguística em geral ainda não abandonou uma espécie de modo maior, um tipo de escala diatônica, um estranho gosto pelas dominantes, constantes e universais. Durante esse período, todas as línguas estão em variação contínua imanente: nem sincronia nem diacronia, mas assincronia, cromatismo como estado variável e contínuo da língua. Por uma linguística cromática, que dê ao pragmatismo suas intensidades e valores.

O que denominamos um estilo, que pode ser a coisa mais natural do mundo, é precisamente o procedimento de uma variação contínua. Ora, dentre todos os dualismos instaurados pela linguística, existem poucos menos fundados do que aquele que separa a linguística da estilística: sendo um estilo não uma criação psicológica individual, mas um agenciamento de enunciação, não será possível impedi-lo de fazer uma língua dentro de uma língua. Considere-se uma lista arbitrária de autores que amamos: citamos mais uma vez Kafka, Beckett, Ghérasim Luca, Jean-Luc Godard... Observa-se que estão mais ou menos na situação de um certo bilinguismo: Kafka, judeu tcheco escrevendo em alemão; Beckett, irlandês escrevendo simultaneamente em inglês e em francês; Luca, de origem romena; Godard e sua vontade de ser suíço. Mas é apenas uma coincidência, uma ocasião, e a ocasião pode ser encontrada em outro lugar. Observa-se também que muitos *[124]* dentre eles não são somente escritores ou primeiramente escritores (Beckett e o teatro e a televisão; Godard e o cinema, a televisão; Luca e suas máquinas audiovisuais): é porque, quando submetemos os elementos linguísticos sejam submetidos a um tratamento de variação contínua, quando introduzimos na linguagem uma pragmática interna, somos necessariamente levados a tratar da mesma maneira os elementos não linguísticos, gestos, instrumentos, como se os dois aspectos da pragmática se reunissem, na mesma linha de variação, no mesmo *continuum*. Além do mais, de início talvez a ideia tenha vindo do exterior, a linguagem não fez senão seguir, como acontece nas origens necessariamente exteriores de um estilo. Mas o essencial é que cada um desses autores tenha seu procedimento de variação, seu cromatismo ampliado, sua louca produção de velocidades e de intervalos. A gagueira criadora de Ghérasim Luca, no poema "Passionnément".[25] Uma outra gagueira, a de Godard. No teatro, os sussurros sem altura definida de Bob Wilson, as variações ascendentes e descendentes de Carmelo Bene. Gaguejar é fácil, mas ser gago da própria linguagem é uma outra coisa, que coloca em variação todos os elementos linguísticos, e mesmo os elementos não linguísticos, as variáveis de expressão e as variáveis de conteúdo. Nova forma de redundância. E... e... e... Sempre houve uma luta na linguagem entre o verbo "ser" e a conjunção "e", entre *é* e *e*. Esses dois termos só se entendem e só se combinam aparentemente, porque um age na linguagem como uma constante e forma a escala diatônica da língua, ao passo que o outro coloca tudo em variação, constituindo linhas de um cromatismo generalizado. De um a outro, tudo bascula. Mais do que nós [franceses], os que escrevem em inglês ou em americano estavam conscientes dessa luta e do que estava em jogo, e da valência do "e".[26] Proust dizia: "as obras-primas são escritas em um tipo de língua estrangeira". É a mesma coisa que gaguejar, mas estando gago da linguagem e não simplesmente da fala. Ser um estrangeiro, mas em sua própria *[125]* língua, e não simplesmente como alguém que fala uma outra língua, diferente da sua. Ser bilíngue, multilíngue, mas em uma só e mesma língua, sem nem mesmo dialeto ou patuá. Ser um bastardo, um mestiço, mas por purificação da raça. É aí que o estilo cria língua. É aí que a linguagem devém intensiva, puro contínuo de valores e de intensidades. É aí que toda língua devém secreta, e entretanto não tem nada a esconder, ao invés de talhar um subsistema secreto na língua. Só se alcança esse re-

---

[25] Ghérasim Luca, *Le Chant de la carpe*, Paris, Le Soleil Noir, 1973; e o disco produzido pela Givaudan, onde Luca recita o poema "Passionnément".

[26] O "e" (*and*) tem um papel particularmente importante na literatura inglesa, em função não somente do Antigo Testamento, mas das "minorias" que trabalham a língua: citemos, entre outros, o caso de John Millington Synge (cf. as observações de François Regnault sobre a coordenação em anglo-irlandês, tradução de *Baladin du monde occidental*, Paris, Le Graphe, 1977). Não nos contentaremos em analisar o "e" como uma conjunção; é, antes, uma forma bastante especial de qualquer conjunção possível, e que coloca em jogo uma lógica da língua. Encontraremos na obra de Jean Wahl uma profunda reflexão acerca desse sentido do "e", acerca da maneira pela qual ele coloca em questão o primado do verbo ser.

sultado através de sobriedade, subtração criadora. A variação contínua tem apenas linhas ascéticas, um pouco de erva e água pura.

Podemos escolher qualquer variável linguística e fazê-la variar em uma linha contínua necessariamente virtual entre dois estados dessa variável. Não estamos mais na situação dos linguistas que esperam que as constantes da língua experimentem um tipo de mutação, ou antes sofram o efeito de mudanças acumuladas na simples fala. As linhas de mudança ou de criação fazem parte da máquina abstrata, plena e diretamente. Hjelmslev observava que uma língua comporta necessariamente possibilidades inexploradas, e que a máquina abstrata deve compreender essas possibilidades, ou potencialidades.[27] "Potencial", "virtual" não se opõem precisamente ao real; ao contrário, é a realidade do criativo, o colocar em variação contínua das variáveis, que se opõe somente à determinação atual de suas relações constantes. A cada vez que se traça uma linha de variação, tem-se variáveis de diversas naturezas — fonológica, sintática ou gramatical, semântica etc. —, mas a própria linha é a-pertinente, assintática ou agramatical, assemântica. A agramaticalidade, por exemplo, não é mais uma característica contingente da fala que se oporia à gramaticalidade da língua; é, ao contrário, a característica ideal da linha que coloca as variáveis gramaticais em estado de variação contínua. Retomemos uma análise de Nicolas Ruwet, concernente a determinadas expressões singulares de Cummings, *he danced his did*, ou *they went their came*. Podem-se reconstituir as variações pelas quais as variáveis gramaticais passam virtualmente para chegar a tais expressões agramaticais (*he did his dance, he danced his danse, he danced what he did..., they went as they came, they went their way...*).[28] Apesar da interpretação estrutural de Ruwet, *[126]* evitar-se-á crer que a expressão atípica seja

---

[27] Louis Hjelmslev, *Le Langage*, Paris, Minuit, 1966, pp. 63 ss.

[28] Nicolas Ruwet, "Parallélisme et déviations en poésie", in *Langage, discours, société*, Paris, Seuil, 1975. Ruwet analisa o poema 29 em *Fifty Poems* de Cummings; apresenta uma interpretação restrita e estruturalista desse fenômeno de variação, invocando a noção de "paralelismo"; em outros textos, diminui o alcance dessas variações, relacionando-as aos exercícios marginais que não dizem respeito às verdadeiras mudanças na língua; entretanto, seu próprio comentário parece ultrapassar todas essas restrições de interpretação.

produzida pelas formas corretas sucessivas. Ao contrário, é ela que leva ao estado de variação as formas corretas, e as arranca de seu estado de constantes. A expressão atípica constitui um extremo de desterritorialização da língua, representa o papel de *tensor*, isto é, faz com que a língua tenda em direção a um limite de seus elementos, formas ou noções, em direção a um aquém ou a um além da língua. O tensor opera um tipo de transitivização da frase, e faz com que o último termo reaja sobre o precedente, remontando toda a cadeia. Assegura um tratamento intensivo e cromático da língua. Uma expressão tão simples como *e...* pode representar o papel de tensor através de toda a linguagem. Nesse sentido, o *e* é menos uma conjunção do que a expressão atípica de todas as conjunções possíveis que coloca em variação contínua. Eis porque o tensor não se deixa reduzir nem a uma constante nem a uma variável, mas assegura a variação da variável, subtraindo a cada vez o valor da constante (n-1). Os tensores não coincidem com qualquer categoria linguística; são entretanto valores pragmáticos essenciais aos agenciamentos de enunciação bem como aos discursos indiretos.[29]

Acredita-se, às vezes, que essas variações não expressam o trabalho comum da criação na língua, e permanecem marginais, reservadas aos poetas, às crianças e aos loucos. É por isso que se quer definir a máquina abstrata pelas constantes, que só podem consequentemente ser modificadas secundariamente, por efeito cumulativo ou mutação sintagmática. Mas a máquina abstrata da língua não é universal ou mesmo geral, ela é singular; não é atual, mas virtual-real; não possui regras obrigatórias ou invariáveis, mas regras facultativas que variam incessantemente com a própria variação, como em um jogo onde cada jogada se basearia na regra. Daí a complementaridade das máquinas abstratas e dos agenciamentos de enunciação, a presença de umas nas outras. Isto ocorre porque a máquina abstrata é como o diagrama de um agenciamento; traça as linhas de variação contínua, ao passo que o agenciamento concreto trata das variáveis, organiza suas relações bastante diversas em função dessas linhas. O agencia-

---

[29] Cf. Vidal Sephiha, "Introduction à l'étude de l'intensif", *Langages*, v. 5, nº 18, 1970. É um dos primeiros estudos sobre as tensões e variações atípicas da linguagem, tal como aparecem principalmente nas línguas ditas menores.

mento negocia as variáveis em tal ou qual variação, segundo tal ou qual grau de desterritorialização, para determinar aquelas que estabelecerão relações constantes ou *[127]* obedecerão a regras obrigatórias, e aquelas, ao contrário, que servirão de matéria fluente à variação. Não se concluirá que o agenciamento opõe somente uma certa resistência ou inércia à máquina abstrata; pois mesmo as "constantes" são essenciais à determinação das virtualidades pelas quais a variação passa; são, elas mesmas, facultativamente escolhidas. Em certo nível, há freio e resistência, mas, em outro nível de agenciamento, não há mais do que um vaivém entre os diversos tipos de variáveis e corredores de passagem percorridos nos dois sentidos: é ao mesmo tempo que todas as variáveis efetuam a máquina segundo o conjunto de suas relações. Não há como distinguir, portanto, uma língua coletiva e constante, e atos de fala, variáveis e individuais. A máquina abstrata é sempre singular, designada por um nome próprio, de grupo ou de indivíduo, ao passo que o agenciamento de enunciação é sempre coletivo, no indivíduo como no grupo. Máquina abstrata-Lênin e agenciamento coletivo-bolchevique... O mesmo é válido para a literatura, para a música. Nenhum primado do indivíduo, mas indissolubilidade de um Abstrato singular e de um Concreto coletivo. A máquina abstrata não existe mais independentemente do agenciamento, assim como o agenciamento não funciona independentemente da máquina.

IV. SÓ SE PODERIA ESTUDAR CIENTIFICAMENTE A LÍNGUA SOB AS CONDIÇÕES DE UMA LÍNGUA MAIOR OU PADRÃO

Visto que todo mundo sabe que uma língua é uma realidade variável heterogênea, o que significa a exigência dos linguistas de traçar um sistema homogêneo para tornar possível o estudo científico? Trata-se de extrair das variáveis um conjunto de constantes, ou de determinar relações constantes entre as variáveis (como já se pode observar na comutatividade dos fonologistas). Mas o modelo científico através do qual a língua devém objeto de estudo não é senão um modelo político através do qual a língua é por sua vez homogeneizada, centralizada, padronizada, língua de poder, maior ou dominante. É inútil o linguista recorrer à ciência, à ciência pura — mas essa não seria a primeira vez que a ordem da ciência viria garantir as exigências de uma outra ordem. O que é a gramaticalidade e o signo S, o símbolo categorial que domina os enunciados? É um marcador de poder antes de ser um marcador sintático, e as árvores chomskianas estabelecem relações constantes entre variáveis de poder. Formar frases gramaticalmente corretas é, para o indivíduo normal, a condição prévia para qualquer submissão às leis sociais. Ninguém pode ignorar a gramaticalidade; aqueles que *[128]* a ignoram pertencem a instituições especiais. A unidade de uma língua é, antes de tudo, política. Não existe língua-mãe, e sim tomada de poder por uma língua dominante, que ora avança sobre uma grande frente, ora se abate simultaneamente sobre centros diversos. Podem-se conceber várias maneiras de uma língua se homogeneizar, se centralizar: a maneira republicana não é necessariamente a mesma que a real, e não é a menos dura.[30] Mas o empreendimento científico de destacar constantes e relações constantes sempre se duplica no empreendimento político de impô-las àqueles que falam, e de transmitir palavras de ordem.

Speak white and loud
sim que admirável língua
para enquadrar

[30] Sobre as extensões e difusões dos estados de língua, tanto em "mancha de óleo", quanto na forma de "bandos aerotransportados", cf. Bertil Malmberg, *Les Nouvelles tendances de la linguistique*, Paris, PUF, 1966, cap. III (invocando os muito importantes estudos de N. Lindqvist sobre a dialetologia). Seriam necessários, então, estudos comparativos concernentes à maneira pela qual se operam as homogeneizações e centralizações das diversas línguas maiores. A esse respeito, a história linguística do francês não é absolutamente igual à do inglês; a relação com a escrita como forma de homogeneização tampouco é a mesma. Para o francês, língua centralizada por excelência, reportaremos à análise de M. de Certeau, D. Julia e J. Revel, *Une politique de la langue*, Paris, Gallimard, 1975. Essa análise refere-se a um período muito curto, no fim do século XVIII, em torno do abade Gregório, e marca entretanto dois momentos distintos: um, em que a língua central se opõe aos dialetos rurais, como a cidade ao campo, a capital à província; outro, em que se opõe aos "idiomas feudais", mas também à linguagem dos emigrados, como a Nação se opõe a tudo o que lhe é estrangeiro ou inimigo (pp. 160 ss.: "É igualmente evidente que a recusa dos dialetos resulta de uma incapacidade técnica de apreender leis estáveis na oralidade ou nas falas regionais").

> *dar ordens*
> *fixar a hora da morte no trabalho*
> *e da pausa que arrefece...*

Assim, seria preciso distinguir dois tipos de línguas, "altas" e "baixas", maiores e menores? Umas se definiriam precisamente pelo poder das constantes; outras, pela potência da variação. Não queremos simplesmente opor a unidade de uma língua maior a uma multiplicidade de dialetos. É, antes, cada dialeto que se encontra afetado por uma zona de transição e de variação, ou melhor, é cada língua menor que se encontra afetada por uma zona de variação propriamente dialetal. Segundo Malmberg, raramente se distinguem fronteiras nítidas nos mapas dos dialetos, mas zonas limítrofes e transicionais, de indiscernibilidade. Diz-se igualmente que "a língua quebequense é tão rica *[129]* em modulações e variações de sotaques regionais e jogos de acentuações tônicas que, sem entretanto exagerar, parece, às vezes, que seria melhor preservada pela notação musical do que por todo o sistema de ortografia".[31] A própria noção de dialeto é bastante incerta. Além disso, é relativa, porque é preciso saber em relação a que língua maior ela exerce sua função: por exemplo, a língua quebequense não é avaliada apenas em relação a um francês padrão, mas em relação ao inglês maior do qual ela toma emprestados todos os tipos de elementos fonéticos e sintáticos para fazê-los variar. Os dialetos bantos não são avaliados somente em relação a uma língua-mãe, mas em relação ao africâner como língua maior, e ao inglês como língua contra-maior preferida pelos negros.[32] Em suma, não é a noção de dialeto que esclarece a de língua menor, mas ao contrário, é a língua menor que define os dialetos por suas próprias possibilidades de variação.

---

[31] Cf. Michèle Lalonde, em *Change*, nº 30-31, mar. 1977, onde encontramos ao mesmo tempo o poema precedente "Speak White" e um manifesto sobre a língua quebequense.

[32] Sobre a situação complexa do africâner, o belo livro de Breyten Breytenbach, *Feu froid*, trad. francesa Georges Marie Lory, Paris, Christian Bourgois, 1976: o estudo de Lory (pp. 101-7) esclarece a empresa de Breytenbach, a violência de seu tratamento poético da língua, sua vontade de ser "bastardo, com uma língua bastarda".

Assim, perguntamos, seria preciso distinguir línguas maiores e línguas menores, seja se colocando na situação regional de um bilinguismo ou de um multilinguismo que comporta pelo menos uma língua dominante e uma língua dominada, seja considerando uma situação mundial que dá a determinadas línguas um poder imperialista em relação a outras (assim como o papel do inglês-americano atualmente)?

Pelo menos duas razões nos impedem de adotar esse ponto de vista. Como observa Chomsky, um dialeto, uma língua de gueto, uma língua menor não escapam às condições de um tratamento que delas destaca um sistema homogêneo extraindo daí constantes: o *black-english* tem uma gramática própria que não se define como uma soma de erros ou de infrações em relação ao inglês padrão, mas de fato essa gramática só pode ser considerada aplicando-lhe as mesmas regras de estudo aplicadas à gramática do inglês padrão. Nesse sentido, as noções de maior e de menor parecem não ter nenhum interesse linguístico. O francês, ao perder sua função maior mundial, não perde nada de sua constância e de sua homogeneidade, de sua centralização. Ao contrário, o africâner adquiriu sua homogeneidade quando era uma língua localmente menor em luta contra o inglês. Mesmo e sobretudo politicamente, é difícil perceber como os defensores de uma língua menor podem operar, a não ser dando-lhe — mesmo que apenas pela [130] escrita — a constância e a homogeneidade que fazem dela uma língua localmente maior capaz de forçar o reconhecimento oficial (daí o papel político dos escritores que fazem valer os direitos de uma língua menor). Mas parece que o argumento contrário tem ainda mais peso: quanto mais uma língua tem ou adquire os caracteres de uma língua maior, mais ela é trabalhada pelas variações contínuas que a transpõem em "menor". É inútil criticar o imperialismo mundial de uma língua denunciando as corrupções que ela introduz nas outras línguas (por exemplo, a crítica dos puristas à influência inglesa, a denúncia poujadista* ou acadêmica do "franglês"). Pois uma língua, como o inglês, o americano, não é mundialmente maior sem ser trabalhada

---

* Referência a Pierre Poujade, líder sindical e político populista francês, que encarnou, nos anos 1950, a mais radical forma de corporativismo do "pequeno comerciante", em sua fixação sobre os "valores franceses", aqui sinônimo de uma xenofobia reivindicada. (N. da T.)

por todas as minorias do mundo, com procedimentos de variação bastante diversos. Modo pelo qual o gaélico, o anglo-irlandês, faz variar o inglês. Modo pelo qual o *black-english* e tantos "guetos" fazem variar o americano, a ponto de Nova York ser quase uma cidade sem língua. (E ainda mais: o americano não se *constituiu*, em suas diferenças em relação ao inglês, sem esse trabalho linguístico das minorias). Ou ainda a situação linguística no antigo império austríaco: o alemão não é língua maior em relação às minorias, sem sofrer por parte destas um tratamento que faz dele uma língua menor em relação ao alemão dos alemães. Ora, não existe língua que não tenha suas minorias internas, endógenas, intralinguísticas. De tal modo que, do ponto de vista mais geral da linguística, a posição de Chomsky e a de Labov não deixam de se cruzar, e de se transmutar. Chomsky pode dizer que uma língua, mesmo menor, dialetal ou de gueto, não pode ser estudada fora das condições que dela extraem invariantes, e que eliminam as variáveis "extrínsecas ou mistas"; mas Labov pode responder que uma língua, mesmo maior e padrão, não pode ser estudada independentemente das variações "inerentes", que não são precisamente nem mistas nem extrínsecas. *Vocês não chegarão a um sistema homogêneo que ainda não seja ou que não venha a ser trabalhado por uma variação imanente, contínua e regrada* (por que Chomsky finge não compreender isso?).

Não existem então dois tipos de língua, mas dois tratamentos possíveis de uma mesma língua. Ora tratam-se as variáveis de maneira a extrair delas constantes e relações constantes; ora, de maneira a colocá-las em estado de variação contínua. Erramos algumas vezes ao agir como se as constantes existissem ao lado das variáveis, constantes linguísticas ao lado de variáveis de enunciação: isso foi feito por comodidade de exposição. Pois é evidente que as constantes são tiradas das próprias variáveis; os universais não têm mais existência em si na linguística *[131]* do que na economia, e são sempre inferidos a partir de uma universalização ou de uma uniformização que se refere às variáveis. *Constante não se opõe a variável*, é um tratamento da variável que se opõe a outro tratamento, o da variação contínua. As regras ditas obrigatórias correspondem ao primeiro tratamento, ao passo que as regras facultativas concernem à construção de um *continuum* de variação. Além do mais, determinado número de categorias ou de distinções não pode ser invocado; elas não são aplicáveis nem objetáveis, porque já supõem o primeiro tratamento e são completamente subordinadas à busca das constantes: assim é a língua enquanto a opomos à fala; a sincronia, à diacronia; a competência, à performance; os traços distintivos, aos traços não distintivos (ou secundariamente distintivos). Pois os traços não distintivos, pragmáticos, estilísticos, prosódicos, não são somente variáveis onipresentes que se distinguem da presença ou da ausência de uma constante, não são elementos sobrelineares e "suprassegmentares" que se distinguem dos elementos segmentares lineares: seus próprios caracteres lhes fornecem a potência de colocar todos os elementos da língua em estado de variação contínua — como a ação do tom sobre os fonemas, do acento sobre os morfemas, da entonação sobre a sintaxe. Esses não são, portanto, traços secundários, mas um outro tratamento da língua, que não passa mais pelas categorias precedentes.

"Maior" e "menor" não qualificam duas línguas, mas dois usos ou funções da língua. O bilinguismo tem certamente um valor exemplar, mas, ainda aqui, por simples comodidade. Não há dúvida de que, no império austríaco, o tcheco é língua menor em relação ao alemão; mas o alemão de Praga já funciona como língua potencialmente menor em relação ao de Viena ou de Berlim; e Kafka, judeu tcheco escrevendo em alemão, faz o alemão sofrer um tratamento criador de língua menor, construindo um *continuum* de variação, negociando todas as variáveis para, ao mesmo tempo, restringir as constantes e estender as variações: fazer gaguejar a língua, ou fazê-la "piar"..., armar tensores em toda a língua, mesmo a escrita, e extrair daí gritos, clamores, alturas, durações, timbres, acentos, intensidades. Duas tendências conjuntas das línguas ditas menores foram recorrentemente apontadas: um empobrecimento, um esgotamento das formas, sintáticas ou lexicais; mas, ao mesmo tempo, uma curiosa proliferação de efeitos cambiantes, um gosto pela sobrecarga e pela paráfrase. O mesmo pode ser dito em relação ao alemão de Praga, ao *black-english* ou ao quebequense. Mas a interpretação dos linguistas foi basicamente, a não ser em raras exceções, mal intencionada, invocando uma pobreza e uma preciosidade consubstanciais. *[132]* A suposta pobreza é, de fato, uma restrição das constantes, assim como a sobrecarga é uma extensão das variações, para desenrolar um *continuum* que arrebata todos os componentes. Essa pobreza não é uma falta, mas um vazio ou uma elipse que faz com que se contorne uma constante sem se engajar nela, ou que se a aborde por baixo ou por cima sem nela se instalar. E essa sobrecarga não é uma figura de retórica, uma metáfora ou estrutura simbólica, é uma paráfrase movente que testemunha a presença não localizada de um discurso indireto no interior de qualquer enunciado. Assiste-se, dos dois lados, a uma recusa de pontos de referência, a uma dissolução da forma constante em benefício das diferenças de dinâmica. E quanto mais uma língua entra nesse estado, mais se aproxima não somente de uma notação musical, mas da própria música.[33]

Subtrair e colocar em variação, diminuir e colocar em variação, é uma só e mesma operação. Não existe uma pobreza e uma sobrecarga que caracterizariam as línguas menores em relação a uma língua maior ou padrão; há uma sobriedade e uma variação que são como um tratamento menor da língua padrão, um devir-menor da língua maior. O problema não é o de uma distinção entre língua maior e língua menor, mas o de um devir. A questão não é a de se reterritorializar em um dialeto ou um patuá, mas de desterritorializar a língua maior. Os negros americanos não opõem o *black* ao inglês, fazem com o americano, que é sua própria língua, um *black-english*. As lín-

---

[33] Sobre o duplo aspecto das línguas menores, pobreza-elipse, sobrecarga--variação, pode-se reportar a algumas análises exemplares: a que Klaus Wagenbach faz do alemão de Praga no começo do século XX (*Franz Kafka: les années de jeneusse*, Paris, Mercure de France, 1967); a de Pasolini, mostrando que o italiano não foi construído em um nível padrão ou médio, mas explodiu em duas direções simultâneas, "para o alto e para baixo", material simplificado e exagero expressivo (*L'Expérience hérétique*, cit., pp. 46-7); a de J. L. Dillard, destacando a dupla tendência do *black-english*, por um lado de omitir, perder ou se desembaraçar, por outro de sobrecarregar, elaborar um *"fancy talk"* (*Black English*, Nova York, Vintage Books, 1973). Como observa Dillard, não há aí qualquer inferioridade em relação a uma língua padrão, mas correlação de dois movimentos que escapam necessariamente do nível padrão da língua. Sempre a propósito do *black-english*, LeRoi Jones mostra a que ponto essas duas direções conjuntas aproximam a língua da música (*Le Peuple du blues*, trad. francesa Jacqueline Bernard, Paris, Gallimard, 1968, pp. 44-5, e todo o capítulo III). Mais geralmente, cabe lembrar a análise que Pierre Boulez faz de um duplo movimento musical, dissolução da forma, sobrecarga ou proliferação dinâmicas: *Par volonté et par hasard*, Paris, Seuil, 1975, pp. 22-4.

guas menores não existem em si: existindo apenas em relação a uma língua maior, são igualmente investimentos dessa língua para que ela devenha, *[133]* ela mesma, menor. Cada um deve encontrar a língua menor, dialeto ou antes idioleto, a partir da qual tornará menor sua própria língua maior. Essa é a força dos autores que chamamos "menores", e que são os maiores, os únicos grandes: ter que conquistar sua própria língua, isto é, chegar a essa sobriedade no uso da língua maior, para colocá-la em estado de variação contínua (o contrário de um regionalismo). É em sua própria língua que se é bilíngue ou multilíngue. Conquistar a língua maior para nela traçar línguas menores ainda desconhecidas. Servir-se da língua menor para *por em fuga* a língua maior. O autor menor é o estrangeiro em sua própria língua. Se é bastardo, se vive como bastardo, não é por um caráter misto ou mistura de línguas, mas antes por subtração e variação da sua, por muito ter entesado tensores em sua própria língua.

A noção de *minoria*, com suas remissões musicais, literárias, linguísticas, mas também jurídicas, políticas, é bastante complexa. Minoria e maioria não se opõem apenas de uma maneira quantitativa. Maioria implica uma constante, de expressão ou de conteúdo, como um metro padrão em relação ao qual ela é avaliada. Suponhamos que a constante ou metro seja homem-branco-masculino-adulto-habitante das cidades-falante de uma língua padrão-europeu-heterossexual qualquer (o Ulisses de Joyce ou de Ezra Pound). É evidente que "o homem" tem a maioria, mesmo se é menos numeroso que os mosquitos, as crianças, as mulheres, os negros, os camponeses, os homossexuais... etc. É porque ele aparece duas vezes, uma vez na constante, uma vez na variável de onde se extrai a constante. A maioria supõe um estado de poder e de dominação, e não o contrário. Supõe o metro padrão e não o contrário. Mesmo o marxismo "traduziu quase sempre a hegemonia do ponto de vista do operário nacional, qualificado, masculino e com mais de trinta e cinco anos".[34] Uma outra determinação diferente da constante seria então considerada como minoritária, por natureza e qualquer que seja seu número, isto é, como um subsistema ou como fora do sistema. Isso pode ser visto em todas

---

[34] Yann Moulier, prefácio a *Ouvriers et capital*, de Mario Tronti, Paris, Christian Bourgois, 1977.

as operações, eleitorais ou não, onde se dá o poder de escolha, com a condição de que a escolha permaneça conforme aos limites da constante ("vocês não têm que escolher uma mudança de sociedade..."). Mas, nesse ponto, tudo se inverte. Pois a maioria, na medida em que é analiticamente compreendida no padrão abstrato, não é nunca alguém, é sempre Ninguém — Ulisses —, ao passo que a minoria é o devir de todo o mundo, seu devir potencial por desviar *[134]* do modelo. Há um "fato" majoritário, mas é o fato analítico de Ninguém que se opõe ao devir-minoritário de todo o mundo. É por isso que devemos distinguir: o majoritário como sistema homogêneo e constante, as minorias como subsistemas, e o minoritário como devir potencial e criado, criativo. O problema não é nunca o de obter a maioria, mesmo instaurando uma nova constante. Não existe devir majoritário, maioria não é nunca um devir. Só existe devir minoritário. As mulheres, independentemente de seu número, são uma minoria, definível como estado ou subconjunto; mas só criam tornando possível um devir, do qual não são proprietárias, no qual elas mesmas têm que entrar, um devir-mulher que concerne a todos os homens, incluindo-se aí homens e mulheres. O mesmo ocorre com as línguas menores: não são simplesmente sublínguas, idioletos ou dialetos, mas agentes potenciais para fazer entrar a língua maior em um devir minoritário de todas as suas dimensões, de todos os seus elementos. Podem-se distinguir línguas menores, a língua maior, e o devir-menor da língua maior. Certamente as minorias são estados que podem ser definidos objetivamente, estados de língua, de etnia, de sexo, com suas territorialidades de gueto; mas devem ser consideradas também como germes, cristais de devir, que só valem enquanto detonadores de movimentos incontroláveis e de desterritorializações da média ou da maioria. É por isso que Pasolini mostrava que o essencial, precisamente no discurso indireto livre, não estava nem em uma língua A, nem em uma língua B, mas "em uma língua X, que não é senão a língua A em vias de devir realmente uma língua B".[35] Há uma figura universal da consciência minoritária, como devir de todo o mundo, e é esse devir que é criação. Não é adquirindo a maioria que se o alcança. Essa figura é precisamente a variação contínua, como uma amplitude que não ces-

---

[35] Pasolini, *L'Expérience hérétique*, cit., p. 62.

sa de transpor, por excesso e por falta, o limiar representativo do padrão majoritário. Erigindo a figura de uma consciência universal minoritária, dirigimo-nos a potências de devir que pertencem a um outro domínio, que não o do Poder e da Dominação. É a variação contínua que constitui o devir minoritário de todo o mundo, por oposição ao Fato majoritário de Ninguém. O devir minoritário como figura universal da consciência é denominado autonomia. Sem dúvida não é utilizando uma língua menor como dialeto, produzindo regionalismo ou gueto que devimos revolucionários; é utilizando muitos dos elementos de minoria, *[135]* conectando-os, conjugando-os, que inventamos um devir específico autônomo, imprevisto.[36]

O modo maior e o modo menor são dois tratamentos da língua: um, consistindo em extrair dela constantes; outro, em colocá-la em variação contínua. Mas, à medida que a palavra de ordem é a variável de enunciação que efetua a condição da língua e define o uso dos elementos segundo um ou outro tratamento, é então à palavra de ordem que se deve voltar, como a única "metalinguagem" capaz de apreender essa dupla direção, esse duplo tratamento das variáveis. Se o problema das funções da linguagem é geralmente mal formulado, é porque se deixa de lado essa variável-palavra de ordem, que subordina todas as funções possíveis. Segundo as indicações de Canetti, podemos partir da seguinte situação pragmática: a palavra de ordem é sentença de morte, implica sempre uma sentença como essa, mesmo muito atenuada, devinda simbólica, iniciática, temporária... etc. A palavra de ordem traz uma morte direta àquele que recebe a ordem, uma morte eventual se ele não obedece ou, antes, uma morte que ele mesmo deve infligir, levar para outra parte. Uma ordem do pai a seu filho — "você fará isso", "você não fará aquilo" — não pode ser separada da

[36] Cf. O manifesto do "Coletivo Estratégia" a propósito da língua quebequense, em *Change*, n° 30-31, denuncia "o mito da língua subversiva", como se bastasse um estado de minoria para possuir, com isso, uma posição revolucionária ("essa equação mecanicista deriva de uma concepção populista da língua. (...) Não é porque um indivíduo fala a língua da classe trabalhadora que ele defende as posições dessa classe. (....) A tese segundo a qual o *joual** possui uma força subversiva, contracultural, é perfeitamente idealista", p. 188. [* *Joual*: palavra utilizada em Quebec para designar, de forma geral, as diferenças (fonéticas, lexicais, sintáticas) do francês popular canadense. (N. da T.)]

pequena sentença de morte que o filho experimenta em um ponto de sua pessoa. Morte, morte, esse é o único julgamento, e o que faz do julgamento um sistema. Veredito. *Mas a palavra de ordem é também outra coisa*, inseparavelmente ligada a essa: é como um grito de alarme ou uma mensagem de fuga. Seria simples demais dizer que a fuga é uma reação à palavra de ordem; encontra-se, antes, compreendida nesta, como sua outra face em um agenciamento complexo, seu outro componente. Canetti tem razão ao invocar o rugido do leão, que enuncia ao mesmo tempo a fuga e a morte.[37] A palavra de ordem tem dois tons. O profeta não recebe menos as palavras de ordem ao fugir do que ao desejar a morte: o profetismo judeu juntou o desejo de estar morto e o impulso de fuga com a palavra de ordem divina. *[136]*

Ora, se consideramos o primeiro aspecto da palavra de ordem, isto é, a morte como expresso do enunciado, percebemos que corresponde às exigências precedentes: a morte tenta concernir essencialmente aos corpos, se atribuir aos corpos, deve à sua imediatidade, à sua instantaneidade, o caráter autêntico de uma transformação incorpórea. O que a precede e o que a ela se segue pode ser um longo sistema de ações e de paixões, um lento trabalho dos corpos; em si mesma, ela não é nem ação nem paixão, mas puro ato, pura transformação que a enunciação junta ao enunciado, sentença. Esse homem está morto... Você já está morto quando recebe a palavra de ordem... A morte, com efeito, está em toda parte como essa fronteira intransponível, ideal, que separa os corpos, suas formas e seus estados, e como a condição, mesmo iniciática, mesmo simbólica, pela qual um sujeito deve passar para mudar de forma ou de estado. É nesse sentido que Canetti fala da "enantiomorfose": um regime que remete a um Senhor imóvel e hierático, legislando a todo momento por meio de constantes, proibindo ou limitando estritamente as metamorfoses, fixando para as figuras contornos nítidos e estáveis, opondo duas a duas as formas, impondo aos sujeitos que morram para que passem de uma a outra. É sempre por algo de incorpóreo que um corpo se separa e se

---

[37] Elias Canetti, *Masse et puissance*, cit. (cf. os dois capítulos essenciais correspondentes aos dois aspectos da palavra de ordem, "A ordem" e "A metamorfose"; e, sobretudo, pp. 332-3, quanto à descrição da peregrinação a Meca, com seu duplo aspecto codificado: petrificação mortuária e fuga em pânico).

distingue de um outro. Enquanto extremidade de um corpo, a figura é o atributo não corpóreo que o limita e o fixa: a morte é a Figura. É por uma morte que um corpo se consuma não somente no tempo, mas no espaço, e que suas linhas formam, delimitam um contorno. Tanto existem espaços mortos quanto tempos mortos. "A repetição da enantiomorfose conduz a uma redução do mundo (...); as proibições sociais de metamorfose são talvez as mais importantes de todas. (...) É a própria morte que é interposta entre as classes, a mais estrita fronteira." Em um tal regime, todo corpo novo exige a ereção de uma forma oponível tanto quanto a formação de sujeitos distintos: a morte é a transformação geral incorpórea que é atribuída a todos os corpos do ponto de vista de suas formas e de suas substâncias (por exemplo, o corpo do Partido não se destacará sem uma operação de enantiomorfia, e sem a formação de novos militantes que supõem a eliminação de uma primeira geração).

É verdade que invocamos aqui considerações tanto de conteúdo quanto de expressão. Na verdade, no exato momento em que os dois planos mais se distinguem, como o regime de corpos e o regime de signos em um agenciamento, remetem mais uma vez à sua pressuposição recíproca. A transformação incorpórea é o expresso das palavras de ordem, mas também o atributo dos corpos. *[137]* Não são apenas as variáveis linguísticas de expressão, mas também as variáveis não linguísticas de conteúdo, que entram respectivamente em relações de oposição ou de distinção formais, capazes de liberar constantes. Como o indica Hjelmslev, da mesma maneira que uma expressão se divide em unidades fônicas, por exemplo, e que um conteúdo se divide em unidades físicas, zoológicas ou sociais ("bezerro" se divide em bovino-macho-jovem).[38] A rede das binariedades, das arborescências, vale tanto de um lado quanto do outro. Não há, entretanto, qualquer semelhança, nem correspondência ou conformidade analíticas dos dois

---

[38] Vimos que Hjelmslev impunha uma condição restritiva — a de assimilar o plano de conteúdo a um tipo de "significado". Temos então razão de objetar-lhe que a análise do conteúdo, tal como a propõe, deriva menos da linguística do que de outras disciplinas como a zoologia, por exemplo (ver também André Martinet, *La Linguistique: guide alphabétique*, Paris, Denoël, 1969, p. 353). Mas essa objeção nos parece se referir apenas à condição restritiva de Hjelmslev.

planos. Mas sua independência não exclui o isomorfismo, isto é, a existência do mesmo tipo de relações constantes de um lado ou do outro. E é esse tipo de relações que faz, desde o início, com que os elementos linguísticos e não linguísticos não sejam separáveis, apesar de não apresentarem correspondência. É simultaneamente que os elementos de conteúdo darão contornos nítidos às misturas de corpos, e os elementos de expressão darão um poder de sentença ou de julgamento aos expressos não corpóreos. Todos esses elementos possuem graus de abstração e de desterritorialização diferentes, mas realizam, a cada vez, uma reterritorialização do conjunto do agenciamento, nessas palavras de ordem e nesses contornos. E é esse o sentido da doutrina do juízo sintético: o de ter mostrado que havia um vínculo *a priori* (isomorfismo) entre a Sentença e a Figura, entre a forma de expressão e a forma de conteúdo.

Mas se consideramos o outro aspecto da palavra de ordem, a fuga e não a morte, é evidente que as variáveis entram então em um novo estado, que é o da variação contínua. A passagem ao limite revela-se agora como a transformação incorpórea, que não cessa entretanto de ser atribuída aos corpos: a única maneira não de suprimir a morte, mas de reduzi-la ou de fazer dela mesma uma variação. A linguagem é impelida por esse movimento que a faz se estender para além de seus próprios limites, ao mesmo tempo que os corpos são tomados no movimento da metamorfose de seu conteúdo, ou na exaustão que os faz alcançar ou ultrapassar o limite de suas figuras. Seria possível opor aqui as ciências menores às maiores: por exemplo, o impulso da linha quebrada em direção à curva, toda uma geometria operativa do traço e *[138]* do movimento, uma ciência pragmática das operações de variação, que age diferentemente da ciência maior ou real das invariantes de Euclides, e que apresenta uma longa história de suspeição e mesmo de repressão (questão à qual voltaremos mais adiante). O menor intervalo é sempre diabólico: o senhor das metamorfoses se opõe ao rei hierático invariante. É como se uma matéria intensa se liberasse — um *continuum* de variação: aqui, nos tensores interiores da língua; ali, nas tensões interiores de conteúdo. A ideia do menor intervalo não se estabelece entre figuras de mesma natureza, mas implica pelo menos a curva e a reta, o círculo e a tangente. Assiste-se a uma transformação de substâncias e a uma dissolução das formas, passagem ao limite ou fuga dos contornos, em benefício das forças fluidas, dos fluxos, do ar, da luz, da matéria, que fazem com que um corpo ou uma palavra não se detenham em qualquer ponto preciso. Potência incorpórea dessa matéria intensa, potência material dessa língua. Uma matéria mais imediata, mais fluida e ardente do que os corpos e as palavras. Na variação contínua, não é nem mesmo possível distinguir uma forma de expressão e uma forma de conteúdo, mas dois planos inseparáveis em pressuposição recíproca. Nesse momento, a relatividade de suas distinções está plenamente realizada no plano de consistência onde a desterritorialização devém absoluta, desencadeando o agenciamento. Absoluto não significa entretanto indiferenciado: as diferenças, devindas "infinitamente pequenas", se farão em uma única e mesma matéria que servirá de expressão como potência incorpórea, mas que servirá igualmente de conteúdo como corporeidade sem limites. As variáveis de conteúdo e de expressão não se encontram mais na relação de pressuposição que supõe, ainda, duas formas: a entrada em variação contínua das variáveis opera, antes, a aproximação das duas formas, a conjunção dos picos de desterritorialização tanto de um lado quanto do outro, no plano de uma mesma matéria liberada, sem figuras, deliberadamente não formada, que retém justamente apenas essas extremidades, esses tensores ou tensões tanto na expressão quanto no conteúdo. Os gestos e as coisas, as vozes e os sons, são envolvidos na mesma "ópera", arrebatados nos efeitos cambiantes de gagueira, de vibrato, de trêmulo e de transbordamento. Um sintetizador coloca em variação contínua todos os parâmetros e faz com que, pouco a pouco, "elementos essencialmente heterogêneos acabem por se converter um no outro de algum modo". Há matéria comum desde que haja essa conjunção. É somente então que se alcança a máquina abstrata, ou o diagrama do agenciamento. O sintetizador assumiu o lugar do juízo, como a matéria assumiu o da figura ou da substância formada. Nem mesmo convém mais agrupar de um lado intensidades energéticas, *[139]* físico-químicas, biológicas, e de outro lado intensidades semióticas, informativas, linguísticas, estéticas, matemáticas... etc. A multiplicidade dos sistemas de intensidades se conjuga, se rizomatiza, em todo o agenciamento, desde o momento em que este é conduzido por esses vetores ou tensões de fuga. Pois a questão não era: como escapar à palavra de ordem?, mas como escapar à sentença de morte que ela envolve, como desenvolver a potência de fuga, como impedir a fuga de se voltar para o imaginário, ou de cair em um buraco negro, como manter ou destacar a potencialidade revolucionária de uma palavra de ordem? Hofmannsthal dirige a si mesmo a palavra de ordem "Alemanha, Alemanha!", necessidade de reterritorializar, mesmo em um "espelho melancólico". Mas, sob essa palavra de ordem, ouve uma outra: como se as velhas "figuras" alemãs fossem simples constantes que se apagassem agora para indicar uma relação com a natureza, com a vida, tanto mais profunda porque mais variável — em que caso essa relação com a vida deve ser um endurecimento, em que caso uma submissão, em que momento trata-se de se revoltar, em que momento se render, ou ficar impassível, e quando é necessário uma palavra seca, quando uma exuberância ou um divertimento?[39] Quaisquer que sejam os cortes ou as rupturas, somente a variação contínua destacará essa linha virtual, esse *continuum* virtual da vida, "o elemento essencial ou o real por trás do cotidiano". Há um enunciado esplêndido em um filme de Herzog. Colocando-se uma questão, o personagem do filme diz: quem dará uma resposta a essa resposta? De fato, não existe pergunta, respondemos sempre a respostas. À resposta já contida em uma pergunta (interrogatório, concurso, plebiscito etc.), serão opostas perguntas que provêm de uma outra resposta. Será destacada uma palavra de ordem da palavra de ordem. Na palavra de ordem, a vida deve responder à resposta da morte, não fugindo, mas fazendo com que a fuga aja e crie. Existem senhas sob as palavras de ordem. Palavras que seriam como que passagens, componentes de passagem, enquanto as palavras de ordem marcam paradas, composições estratificadas, organizadas. A mesma coisa, a mesma palavra, tem sem dúvida essa dupla natureza: é preciso extrair uma da outra — transformar as composições de ordem em componentes de passagens.

Tradução de Ana Lúcia de Oliveira e Lúcia Cláudia Leão

---

[39] Cf. o detalhe do texto de Hugo von Hofmannsthal, *Lettres du voyageur a son retour* (carta de 9 de maio de 1901), Paris, Mercure de France, 1969.

5.
587 a.C.-70 d.C. —
SOBRE ALGUNS REGIMES DE SIGNOS
[140]

[O regime significante despótico — O regime subjetivo passional — Os dois delírios e o problema da psiquiatria — História antiga do povo judeu — A linha de fuga e o profeta — Rosto, desvio, traição — O Livro — Sistema da subjetividade: consciência e paixão, os Duplos — Cena doméstica e cena de escritório — A redundância — As figuras da desterritorialização — Máquina abstrata e diagrama — Gerativo, transformacional, diagramático e maquínico]

Um novo regime

Denominamos regime de signos qualquer formalização de expressão específica, pelo menos quando a expressão for linguística. Um regime de signos constitui uma semiótica. Mas parece difícil considerar as semióticas nelas mesmas: na verdade, há sempre uma forma de conteúdo, simultaneamente inseparável e independente da forma de expressão, e as duas formas remetem a agenciamentos que não são principalmente linguísticos. Entretanto, podemos considerar a formalização de expressão como autônoma e suficiente. Pois, mesmo nessas condições, há tanta diversidade nas formas de expressão, um caráter tão misto dessas formas, que não se pode atribuir qualquer privilégio especial à forma ou ao regime do "significante". Se denominamos semiologia a semiótica significante, a primeira é tão somente um regime de signos dentre outros, e não o mais importante. Por isso a necessidade de voltar a uma pragmática, na qual a linguagem nunca possui universalidade em si mesma, nem formalização *[141]* suficiente, nem semiologia ou metalinguagem gerais. É então, antes de tudo, o estudo do regime significante que dá testemunho da inadequação dos pressupostos linguísticos, em nome dos próprios regimes de signos.

O regime significante do signo (o signo significante) possui uma fórmula geral simples: o signo remete ao signo, e remete tão somente ao signo, infinitamente. É por isso que é mesmo possível, no limite, abster-se da noção de signo, visto que não se conserva, principalmente, sua relação com um estado de coisas que ele designa nem com uma entidade que ele significa, mas somente a relação formal do signo com o signo enquanto definidor de uma cadeia dita significante. O ilimitado da significância substituiu o signo. Quando supomos que a denotação (aqui, o conjunto da designação e da significação) já faz parte da conotação, encontramo-nos plenamente nesse regime significante do signo. Não nos ocupamos especialmente dos *índices*, isto é, dos estados de coisas territoriais que constituem o designável. Não nos ocupamos especialmente dos *ícones*, isto é, das operações de reterritorialização que constituem, por sua vez, o significável. O signo já alcançou, então, um alto grau de desterritorialização relativa, no qual é considerado como *símbolo* em uma remissão constante do signo ao signo. O significante é o signo redundante com o signo. Os signos emitem signos uns para os outros. Não se trata ainda de saber o que tal signo significa, mas a que outros signos remete, que outros signos a ele se acrescentam, para formar uma rede sem começo nem fim que projeta sua sombra sobre um *continuum* amorfo atmosférico. É esse *continuum* amorfo que representa, por enquanto, o papel de "significado", mas ele não para de deslizar sob o significante para o qual serve apenas de meio ou de muro: todos os conteúdos vêm dissolver nele suas formas próprias. Atmosferização ou mundanização dos conteúdos. Abstrai-se, então, o conteúdo. Estamos na situação descrita por Lévi-Strauss: o mundo começou por significar antes que se soubesse *o que* ele significava, o significado é dado sem ser por isso conhecido.[1] Sua mulher olhou para você com um ar estranho, e essa manhã o porteiro lhe entregou uma notificação de imposto cruzando os dedos, depois você pisou em um cocô de cachorro, viu na calçada dois pequenos pedaços de madeira dispostos como os ponteiros de um relógio, as pessoas sussurraram à sua passagem quando você entrou no escritório. Pouco importa o que isso queira dizer, é sempre o *[142]* significante. O signo que remete ao signo é atingido por uma estranha impotência, por uma incerteza, mas potente é o significante que constitui a cadeia. Eis porque o paranoico participa dessa impotência do signo desterritorializado que o assalta por todos os lados na atmosfera escorregadia, mas ele acede ainda mais ao sobrepoder do significante, no sentimento real da cólera, como senhor da rede que se propaga na atmosfera. Regime despótico paranoico: eles me atacam e me fazem sofrer, mas eu adivinho suas intenções, eu os antecipo, eu o sabia durante todo o tempo, tenho o poder até em minha impotência, "eu os vencerei".

Não terminamos nada em um tal regime. É feito para isso, é o regime trágico da dívida infinita, no qual se é ao mesmo tempo devedor e credor. Um signo remete a um outro signo para o qual ele passa, e que, de signo em signo, o reconduz para passar ainda para outros. "Podendo mesmo retornar circularmente...". Os signos não constituem apenas uma rede infinita, a rede dos signos é infinitamente circular. O enunciado sobrevive a seu objeto: o nome, a seu dono. Seja passando para outros signos, seja posto em reserva por um certo tempo, o signo sobrevive a seu estado de coisas como a seu significado, salta como um animal ou como um morto para retomar seu lugar na cadeia e investir um novo estado, um novo significado do qual é ex-

[1] Claude Lévi-Strauss, "Introduction à l'oeuvre de Marcel Mauss", em Marcel Mauss, *Sociologie et anthropologie*, Paris, PUF, 1950, pp. 48-9 (Lévi-Strauss distinguirá, na continuação do texto, um outro aspecto do significado). Quanto a esse primeiro valor de um *continuum* atmosférico, cf. as descrições psiquiátricas de Binswanger e de Arieti.

traído mais uma vez.[2] Impressão de eterno retorno. Há todo um regime de enunciados flutuantes, ambulantes, de nomes suspensos, de signos que espreitam, esperando para voltarem a ser levados adiante pela cadeia. O significante como redundância do signo desterritorializado consigo mesmo, mundo mortuário e de terror.

Mas o que conta é menos essa circularidade dos signos do que a multiplicidade dos círculos ou das cadeias. O signo não remete apenas ao signo em um mesmo círculo, mas de um círculo a um outro ou de uma espiral a uma outra. Robert Lowie narra como os Crow e os Hopi reagem diferentemente quando enganados por suas mulheres (os Crow são caçadores nômades, ao passo que os Hopi são sedentários ligados a uma tradição imperial): "Um índio Crow, enganado pela mulher, retalha-lhe o rosto, ao passo que um Hopi, vítima do mesmo infortúnio, sem perder a calma, recolhe-se e ora, pedindo que a seca e a fome se abatam sobre a aldeia". Vemos de que lado está a paranoia, o elemento despótico ou o regime significante, "a beatice" como diz ainda Lévi-Strauss: "É que na verdade, para um Hopi, tudo está ligado: uma desordem social, um incidente doméstico invocam o sistema do universo cujos *[143]* níveis são unidos por múltiplas correspondências; uma reviravolta em um plano só é inteligível, e moralmente tolerável, como projeção de outras reviravoltas, afetando outros níveis".[3] O Hopi salta de um círculo a outro, ou de um signo a outro em duas espirais. Saímos da aldeia ou da cidade, voltamos a ela. Ocorre que esses saltos são regulados não apenas por rituais pré-significantes, mas por toda uma burocracia imperial que decide sobre sua legitimidade. Não se salta de qualquer jeito, nem sem regras; e não apenas os saltos são regulados, como existem aí proibições: não ultrapassar o círculo mais exterior, não se aproximar do círculo mais central... A diferença dos círculos deve-se ao fato de que, embora todos os signos remetam uns aos outros apenas enquanto desterritorializados, voltados para um mesmo centro de significância, distribuídos em um *continuum* amorfo, não têm por isso menos velocidades de

---

[2] Cf. Claude Lévi-Strauss, *La Pensée sauvage*, Paris, Plon, 1962, pp. 278 ss. (análise dos dois casos).

[3] Lévi-Strauss, prefácio a *Soleil Hopi*, de Don C. Talayesva, Paris, Plon, 1959, p. VI.

desterritorialização diferentes que deem testemunho de um lugar de origem (o templo, o palácio, a casa, a rua, a aldeia, a savana etc), relações diferenciais que mantêm a distinção dos círculos ou que constituem limiares na atmosfera do *continuum* (o privado e o público, o incidente familiar e a desordem social). Esses limiares e esses círculos têm, aliás, uma distribuição móvel de acordo com o caso. Há uma trapaça fundamental no sistema. Saltar de um círculo a outro, deslocar sempre a cena, representá-la em outra parte, é a operação histérica do trapaceiro como sujeito, que responde à operação paranoica do déspota instalado em seu centro de significância.

Há ainda um outro aspecto: o regime significante não se encontra somente diante da tarefa de organizar em círculos os signos emitidos em todas as partes; deve assegurar incessantemente a expansão dos círculos ou da espiral, fornecer novamente ao centro o significante para vencer a entropia própria ao sistema, e para que novos círculos brotem ou para que os antigos sejam realimentados. É preciso, então, um mecanismo secundário a serviço da significância: é a interpretância ou a interpretação. Nesse caso, o significado assume uma nova figura: deixa de ser esse *continuum* amorfo, dado sem ser conhecido, sobre o qual a rede dos signos lançava sua malha. A um signo ou a um grupo de signos corresponderá uma parte de significado determinado como conforme, consequentemente conhecível. Ao eixo sintagmático do signo que remete ao signo se acrescenta um eixo paradigmático onde o signo assim formalizado talha para si um significado conforme (portanto, ainda aí, abstração do conteúdo, mas de uma nova maneira). O sacerdote interpretativo, o adivinho, é um dos burocratas do deus-déspota. Surge um *[144]* novo aspecto da trapaça, a trapaça do sacerdote: a interpretação estende-se ao infinito, e nada jamais encontra para interpretar que já não seja uma interpretação. Assim, o significado não para de fornecer novamente significante, de recarregá-lo ou de produzi-lo. A forma vem sempre do significante. O significado último é então o próprio significante em sua redundância ou seu "excedente". É totalmente inútil pretender ultrapassar a interpretação, e mesmo a comunicação, pela produção de significante, já que é a comunicação da interpretação que serve sempre para reproduzir e para produzir significante. Não é certamente assim que se pode renovar a noção de produção. Essa foi a descoberta dos sacerdotes psicanalistas (mas que todos os outros sacerdotes e todos os outros adivinhos fizeram em sua época): que a interpretação deveria ser submetida à significância, a ponto de o significante não fornecer qualquer significado sem que este não restituísse, por sua vez, um significante. A rigor, com efeito, não há mesmo mais nada a interpretar, mas porque a melhor interpretação, a mais pesada, a mais radical, é o silêncio eminentemente significativo. Sabe-se que o psicanalista nem mesmo fala mais e que só interpreta, ou, melhor ainda, faz interpretar, para o sujeito que salta de um círculo do inferno a outro. Na verdade, significância e interpretose são as duas doenças da terra ou da pele, isto é, do homem, a neurose de base.

Quanto ao centro de significância, quanto ao Significante em pessoa, há pouco a dizer, pois ele é tanto pura abstração quanto princípio puro, isto é, nada. Falta ou excesso, pouco importa. É a mesma coisa dizer que o signo remete ao signo infinitamente, ou que o conjunto infinito dos signos remete a um significante maior. Mas, justamente, essa pura redundância formal do significante não poderia nem mesmo ser pensada sem uma substância de expressão particular para a qual é necessário encontrar um nome: a *rostidade*. Não somente a linguagem é sempre acompanhada por traços de rostidade, como o rosto cristaliza o conjunto das redundâncias, emite e recebe, libera e recaptura os signos significantes. É, em si mesmo, todo um corpo: é como o corpo do centro de significância no qual se prendem todos os signos desterritorializados, e marca o limite de sua desterritorialização. É do rosto que a voz sai; é por isso mesmo, qualquer que seja a importância fundamental de uma máquina de escrita na burocracia imperial, que o escrito mantém um caráter oral, não livresco. O rosto é o Ícone próprio ao regime significante, a reterritorialização interior ao sistema. O significante se reterritorializa no rosto. É o rosto que dá a substância do significante, é ele que faz interpretar, e que muda, que muda de traços, *[145]* quando a interpretação fornece novamente significante à sua substância. Veja, ele mudou de rosto. O significante é sempre rostificado. A rostidade reina materialmente sobre todo esse conjunto de significâncias e de interpretações (os psicólogos escreveram bastante acerca das relações do bebê com o rosto da mãe; os sociólogos, acerca do papel do rosto nos *mass-media* ou na publicidade). O deus-déspota nunca escondeu seu rosto, ao contrário: criou para si um e mesmo vários. A máscara não esconde o rosto, ela o é. O sacerdote manipula o rosto de deus. Tudo é público no rosto do déspota, e tudo o que é público o é pelo rosto. A mentira, a trapaça pertencem fundamentalmente ao regime significante, mas não o segredo.[4] Inversamente, quando o rosto desaparece, quando os traços de rostidade somem, podemos ter certeza de que entramos em um outro regime, em outras zonas infinitamente mais mudas e imperceptíveis onde se operam os devires-animais, devires-moleculares subterrâneos, desterritorializações noturnas que transpõem os limites do sistema significante. O déspota ou o deus mostra ameaçadoramente seu rosto solar que é todo seu corpo, como corpo do significante. Ele me olhou com um ar esquisito, franziu a sobrancelha, o que eu fiz para que mudasse de rosto? Tenho sua foto diante de mim, parece que ela me olha... Vigilância do rosto, diria Strindberg, sobrecodificação do significante, irradiação em todos os sentidos, onipresença ilocalizada.

Enfim o rosto, ou o corpo do déspota ou do deus, tem uma espécie de contra-corpo: o corpo do supliciado, ou, ainda melhor, do excluído. É certo que esses dois corpos se comunicam, já que ocorre que esse corpo do déspota esteja submetido a provas de humilhação e mesmo de martírio, ou de exílio e de exclusão. "No outro polo, poder-se-ia imaginar colocar o corpo do condenado, este tem também seu estatuto jurídico, suscita seu cerimonial (...) não para fundar o máximo de poder que se atribuía à pessoa do soberano, mas para codificar o mínimo de poder que marca aqueles que são submetidos a uma punição. Na região mais sombria do campo político, o condenado deixa entrever a figura simétrica e invertida do rei".[5] O supliciado é, antes de tudo, aquele que perde seu rosto, e que entra em um devir-animal, em um devir-molecular cujas cinzas espalhamos ao *[146]* vento. Mas diríamos que o supliciado não é absolutamente o termo úl-

---

[4] Por exemplo, no mito banto, o primeiro fundador de Estado mostra seu rosto, come e bebe em público, enquanto o caçador, depois o guerreiro, inventam a arte do secreto, se esquivam e comem atrás de uma tela: cf. Luc de Heusch, *Le Roi ivre ou l'origine de l'État*, Paris, Gallimard, 1972, pp. 20-5. Heusch vê no segundo momento a prova de uma civilização mais "refinada": parece-nos, antes, que se trata de uma outra semiótica, de guerra e não mais de trabalhos públicos.

[5] Michel Foucault, *Surveiller et punir*, Paris, Gallimard, 1975, p. 33.

timo; é, ao contrário, o primeiro passo antes da exclusão. Édipo ao menos havia compreendido isso. Ele se suplicia, fura seus olhos, depois vai embora. O rito, o devir-animal do bode emissário mostra-o bem: um primeiro bode expiatório é sacrificado, mas um segundo bode é expulso, enviado para o deserto árido. No regime significante, o bode emissário representa uma nova forma de aumento da entropia para o sistema dos signos: está carregado de tudo o que é "ruim", em um dado período, isto é, de tudo o que resistiu aos signos significantes, de tudo o que escapou às remissões de signo a signo através dos círculos diferentes; assume igualmente tudo aquilo que não soube recarregar o significante em seu centro, leva consigo ainda tudo o que transpõe o círculo mais exterior. Encarna, enfim, e sobretudo, a linha de fuga que o regime significante não pode suportar, isto é, uma desterritorialização absoluta que esse regime deve bloquear ou que só pode determinar de forma negativa, justamente porque excede o grau de desterritorialização, por mais forte que este já seja, do signo significante. A linha de fuga é como uma tangente aos círculos de significância e ao centro do significante. Ela será atingida por maldição. O ânus do bode se opõe ao rosto do déspota ou de deus. Matar-se-á e se fará fugir o que pode provocar a fuga do sistema. Tudo o que excede o excedente do significante, ou tudo o que se passa embaixo, será marcado com valor negativo. Vocês não terão escolha senão entre o cu do bode e o rosto de deus, os feiticeiros e os sacerdotes. O sistema completo compreende então: o rosto ou o corpo paranoico do deus-déspota no centro significante do templo; os sacerdotes interpretativos, que sempre recarregam, no templo, o significado de significante; a multidão histérica do lado de fora, em círculos compactos, e que salta de um círculo a outro; o bode emissário depressivo, sem rosto, emanando do centro, escolhido e tratado, ornamentado pelos sacerdotes, atravessando os círculos em sua fuga desesperada em direção ao deserto. Quadro por demais sumário que não é somente o do regime despótico imperial, mas que figura também em todos os grupos centrados, hierarquizados, arborescentes, assujeitados: partidos políticos, movimentos literários, associações psicanalíticas, famílias, conjugalidades... O retrato, a rostidade, a redundância, a significância e a interpretação intervêm por toda a parte. Mundo triste do significante, seu arcaísmo com função sempre atual, sua trapaça essencial que conota todos os seus aspectos, sua farsa profunda. O significante reina em todas as cenas domésticas, como em todos os aparelhos de Estado.

O regime significante do signo é definido por oito aspectos ou princípios: 1) o signo remete ao signo, infinitamente (o ilimitado da significância, que desterritorializa o signo); 2) o signo é levado pelo [147] signo, e não cessa de voltar (a circularidade do signo desterritorializado); 3) o signo salta de um círculo a outro, e não cessa de deslocar o centro ao mesmo tempo que de se relacionar com ele (a metáfora ou histeria dos signos); 4) a expansão dos círculos é sempre assegurada por interpretações que fornecem significado e fornecem novamente significante (a interpretose do sacerdote); 5) o conjunto infinito dos signos remete a um significante maior que se apresenta igualmente como falta e como excesso (o significante despótico, limite de desterritorialização do sistema); 6) a forma do significante tem uma substância, ou o significante tem um corpo que é Rosto (princípio dos traços de rostidade, que constitui uma reterritorialização); 7) a linha de fuga do sistema é afetada por um valor negativo, condenada como aquilo que excede à potência de desterritorialização do regime significante (princípio do bode emissário); 8) é um regime de trapaça universal, ao mesmo tempo nos saltos, nos círculos regrados, nos regulamentos das interpretações do adivinho, na publicidade do centro rostificado, no tratamento da linha de fuga.

Não somente uma tal semiótica não é a primeira, como tampouco se vê qualquer razão para lhe atribuir um privilégio particular do ponto de vista de um evolucionismo abstrato. Gostaríamos de indicar muito rapidamente algumas características de duas outras semióticas. Primeiramente, a *semiótica pré-significante* considerada primitiva, muito mais próxima das codificações "naturais" que operam sem signos. Não encontraremos aí qualquer redução à rostidade como única substância de expressão: nenhuma eliminação das formas de conteúdo pela abstração de um significado. Mesmo quando abstraímos o conteúdo em uma perspectiva estritamente semiótica, é em benefício de um pluralismo ou de uma plurivocidade das formas de expressão, que conjuram qualquer tomada de poder pelo significante, e que conservam formas expressivas próprias ao próprio conteúdo: assim, formas de corporeidade, de gestualidade, de ritmo, de dança, de rito, coexistem no heterogêneo com a forma vocal.[6] Várias formas e várias substâncias de expressão se entrecortam e se alternam. É uma semiótica segmentar, mas plurilinear, multidimensional, que combate antecipadamente qualquer circularidade significante. A segmentaridade é a lei das linhagens. De forma que o signo deve aqui seu grau de desterritorialização relativa não mais a uma remissão perpétua ao signo, mas ao confronto de territorialidades e de segmentos *[148]* comparados dos quais cada signo é extraído (o campo, a savana, a mudança de campo). Não apenas a plurivocidade dos enunciados é preservada, como também somos capazes de eliminar um enunciado: um nome usado é abolido, o que é bastante diferente da operação de colocar em reserva ou da transformação significante. Quando é pré-significante, a antropofagia tem precisamente esse sentido: comer o nome é uma semiografia, que pertence plenamente a uma semiótica, apesar de sua relação com o conteúdo (mas relação expressiva).[7] Evitaremos pensar que é por ignorância, por recalque ou forclusão do significante que uma tal semiótica funciona. Ela é, ao contrário, animada pelo pesado pressentimento do que virá, não tem necessidade de compreender para combater, é inteiramente destinada, por sua própria segmentaridade e sua plurivocidade, a impedir o que já ameaça: a abstração universalizante, a ereção do significante, a uniformização formal e substancial da enunciação, a circularidade dos enunciados, com seus correlatos, aparelho de Estado, instalação do déspota, casta de sacerdotes, bode expiatório..., etc. E cada vez que se come um morto, pode-se dizer: mais um que o Estado não terá.

Em seguida, ainda uma outra semiótica, que chamaremos *contra-significante* (principalmente a dos terríveis nômades criadores e guerreiros, em contraste com os nômades caçadores que faziam parte da precedente). Dessa vez, essa semiótica procede menos por segmen-

---

[6] Cf. A. J. Greimas, "Pratiques et langages gestuels", *Langages*, n° 10, jun. 1968; mas Greimas relaciona essa semiótica a categorias como "sujeito de enunciado", "sujeito de enunciação", que nos parecem pertencer a outros regimes de signos.

[7] Sobre a antropofagia como maneira de conjurar a ação das almas ou de nomes mortos; e sobre sua função semiótica de "calendário", cf. Pierre Clastres, *Chronique des indiens Guayaki*, Paris, Plon, 1972, pp. 332-40.

taridade do que por aritmética e numeração. Certamente, o número já tinha uma grande importância na divisão ou na reunião das linhagens segmentárias; tinha também uma função decisiva na burocracia imperial significante. Mas era um número que representava ou significava, "provocado, produzido, causado por outra coisa diferente dele". Ao contrário, um signo numérico que não é produzido por nada exterior à marcação que o institui, marcando uma repartição plural e móvel, estabelecendo ele mesmo funções e correlações, procedendo a arranjos mais do que a totais, a distribuições mais do que a coleções, operando por corte, transição, migração e acumulação mais do que por combinação de unidades, um tal tipo de signo parece pertencer à semiótica de uma máquina de guerra nômade, dirigida por sua vez contra o aparelho de Estado. Número abstrato.[8] A organização numérica em 10, 50, 100, 1.000... etc, e a organização *[149]* espacial que lhe é associada, serão evidentemente retomadas pelos exércitos do Estado, mas revelam, antes de tudo, um sistema militar próprio aos grandes nômades das estepes, dos hicsos aos mongóis, e se superpõem ao princípio das linhagens. O segredo, a espionagem são elementos importantes dessa semiótica dos Números na máquina de guerra. O papel dos Números na Bíblia não é independente dos nômades, já que Moisés recebe a ideia de números de seu sogro Jetro, o Quenita: faz deles um princípio de organização para a marcha e a migração, e o aplica, ele mesmo, ao domínio militar. Nessa semiótica contra-significante, a linha de fuga despótica imperial é substituída por uma linha de abolição que se volta contra os grandes impérios, atravessa-os ou os destrói, a menos que os conquiste e que se integre a eles formando uma semiótica mista.

Gostaríamos de falar ainda mais particularmente de um quarto regime de signos, regime *pós-significante*, que se opõe à significância com novos caracteres, e que se define por um procedimento original, de "subjetivação". Existem, portanto, muitos regimes de signos. Nossa própria lista é arbitrariamente limitada. Não há qualquer razão para identificar um regime ou uma semiótica a um povo, nem a um mo-

[8] As expressões precedentes concernentes ao número são tomadas de Julia Kristeva, ainda que ela as utilize para a análise de textos literários na hipótese do "significante": *Semeiotikè*, Paris, Seuil, 1969, pp. 294 ss. e 317.

mento da história. Em um mesmo momento ou em um mesmo povo, há tanta mistura de forma que podemos simplesmente dizer que um povo, uma língua ou um momento asseguram a dominância relativa de um regime. Talvez todas as semióticas sejam, elas mesmas, mistas, combinando-se não apenas a formas de conteúdo diversas, mas também combinando regimes de signos diferentes. Elementos pré-significantes são sempre ativos, elementos contra-significantes estão sempre trabalhando e presentes, elementos pós-significantes já existem no regime significante. E isso já é marcar temporalidade em demasia. As semióticas e seu caráter misto podem aparecer em uma história onde os povos se confrontam e se misturam, mas também em linguagens onde várias funções concorrem, em um hospital psiquiátrico onde formas de delírios coexistem e mesmo se enxertam em um mesmo caso, em uma conversa comum onde as pessoas que falam a mesma língua não falam a mesma linguagem (subitamente surge um fragmento de uma semiótica inesperada). Não fazemos evolucionismo, nem mesmo história. As semióticas dependem de agenciamentos, que fazem com que determinado povo, determinado momento ou determinada língua, mas também determinado estilo, determinado modo, determinada patologia, determinado evento minúsculo em uma situação restrita possam assegurar a predominância de uma ou de outra. Tentamos construir mapas de regimes de signos: podemos mudá-los de posição, reter algumas de suas coordenadas, algumas de suas dimensões, e, dependendo do caso, *[150]* teremos uma formação social, um delírio patológico, um acontecimento histórico... etc. Nós o veremos ainda em uma outra ocasião: ora lidamos com um sistema social datado, "amor cortês", ora com um empreendimento privado, chamado "masoquismo". Podemos também combinar esses mapas ou separá-los. Para distinguir dois tipos de semióticas — por exemplo, o regime pós-significante e o regime significante — devemos considerar simultaneamente domínios bastante diversos.

No começo do século XX, a psiquiatria, no auge de sua agudeza clínica, encontrou-se diante do problema dos delírios não alucinatórios, com conservação de integridade mental, sem "diminuição intelectual". Havia um primeiro grande grupo, o dos delírios paranoicos e de interpretação, que já englobava diferentes aspectos. Mas a questão se referia à independência eventual de um outro grupo, esboçado na Monomania de Esquirol, na Querelência de Kraepelin, mais tarde definido no delírio de Reivindicação de Sérieux e de Capgras, e no delírio passional de Clérambault ("querelência ou reivindicação, ciúme, erotomania"). Segundo os belíssimos estudos de Sérieux e Capgras, por um lado, e de Clérambault, por outro (é este que mais aprofunda a via da distinção), poderiam se opor um regime ideal de significância, paranoico-interpretativo, e um regime subjetivo, pós-significante, passional. O primeiro se define por um início insidioso, um centro oculto manifestando forças endógenas em torno de uma ideia; depois, por um desenvolvimento em rede em um *continuum* amorfo, uma atmosfera escorregadia onde o mínimo incidente pode ser capturado; uma organização radiante em círculos, uma extensão por irradiação circular em todos os sentidos, onde o indivíduo salta de um ponto a outro, de um círculo a outro, se aproxima do centro ou dele se afasta, faz prospectiva e retrospectiva; por uma transformação da atmosfera, seguindo traços variáveis ou centros secundários que se reagrupam em torno do núcleo principal. O segundo regime se define, ao contrário, por uma ocasião exterior decisiva, por uma relação com o fora que se exprime mais como emoção do que como ideia, e mais como esforço e ação do que como imaginação ("delírio de atos mais do que de ideias"); por uma constelação limitada, operando em um único setor; por um "postulado" ou uma "fórmula concisa" que é o ponto de partida de uma série linear, de um processo, até o esgotamento que marcará a partida de um novo processo; em suma, *pela sucessão linear e temporal de processo finito, mais do que pela simultaneidade dos círculos em expansão ilimitada.*[9] [151]

[9] Cf. Sérieux e Capgras, *Les Folies raisonnantes*, Paris, Alcan, 1909; Clérambault, *Oeuvre psychiatrique*, reed. Paris, PUF, 1942; mas Capgras acredita em uma semiótica essencialmente mista ou polimorfa, enquanto Clérambault destaca abstratamente duas semióticas puras, mesmo reconhecendo sua mistura de fato. Sobre as origens dessa distinção de dois grupos de delírios, cabe consultar principalmente Esquirol, *Des maladies mentales*, Paris, Baillière, 1838 (em que medida a "monomania" é separável da mania?); e Kraepelin, *Lehrbuch der Psychiatrie* (em que medida a "querelência" é separável da paranoia?). A questão do segundo grupo de delírios, ou delírios passionais, foi retomada e exposta historicamente por Jacques Lacan, *De la psychose paranoïaque*, Paris, Seuil, 1975, e por Daniel Lagache, *La Jalousie amoureuse*, Paris, PUF, 1947.

Essa história de dois delírios sem diminuição intelectual é bastante importante, pois não vem perturbar uma psiquiatria preexistente, mas está, isto sim, no centro da constituição da psiquiatria no século XIX, e explica o fato de o psiquiatra ter nascido, desde seu começo, como nunca deixará de ser: nasce encurralado, preso a exigências humanitárias, policiais, jurídicas etc, acusado de não ser um verdadeiro médico, suspeito de considerar loucos aqueles que não o são e de não ver aqueles que o são, ele mesmo às voltas com dramas de consciência, a última bela alma hegeliana. Se consideramos, de fato, os dois tipos de delirantes intactos, podemos dizer que alguns parecem completamente loucos, mas que não o são: o presidente Schreber desenvolve em todos os sentidos sua paranoia irradiante e suas relações com Deus; ele não é louco dado que permanece capaz de gerir sabiamente sua fortuna, e de distinguir os círculos. No outro polo, existem aqueles que não parecem absolutamente loucos, mas que o são, como o demonstram suas ações súbitas, querelas, incêndios, assassinatos (por exemplo as quatro grandes monomanias de Esquirol: erótica, raciocinante, incendiária, homicida). Em suma, a psiquiatria não se constituiu absolutamente em relação ao conceito de loucura, nem mesmo com um remanejamento desse conceito, mas, antes, *com sua dissolução nessas duas direções opostas*. E não é a dupla imagem de todos nós que a psiquiatria nos revela assim, ora a de parecer louco sem ser, ora a de sê-lo sem parecer? (Essa dupla constatação será ainda o ponto de partida da psicanálise, sua forma de se imbricar com a psiquiatria: parecemos loucos mas não somos, veja-se o sonho; somos loucos mas não parecemos, veja-se a vida cotidiana.) Então o psiquiatra foi levado ora a implorar a indulgência e a compreensão, a sublinhar a inutilidade do internamento, a solicitar hospícios *open-door*; ora, ao contrário, a exigir uma vigilância intensificada, hospícios especiais de segurança, mais duros ainda para os loucos que não o pareciam.[10] Não

---

[10] Cf. Sérieux e Capgras, pp. 340 ss., e Clérambault, pp. 369 ss.: os delirantes passionais são incompreendidos, mesmo no hospício, porque são tranquilos e astutos, "afetados por um delírio deveras limitado para que saibam como nós os julgamos"; é ainda mais necessário mantê-los internados; "tais doentes não devem ser questionados, mas manobrados, e para manobrá-los, há apenas um meio: emocioná-los".

é por acaso que a distinção dos *[152]* dois grandes delírios, de ideias e de ações, coincide, em vários pontos, com a distinção das classes (o paranoico que não tem tanta necessidade de ser internado é, antes de tudo, um burguês, ao passo que o monomaníaco, o reivindicador passional, é, o mais frequentemente, oriundo das classes rurais e proletárias, ou de casos marginais de assassinos políticos).[11] Uma classe de ideias radiantes, irradiantes (forçosamente) contra uma classe reduzida às ações locais, parciais, esporádicas, lineares... Nem todos os paranoicos são burgueses, nem todos os passionais ou monomaníacos são proletários. Mas, nas misturas de fato, Deus e seus psiquiatras são encarregados de reconhecer aqueles que conservam uma ordem social de classe, mesmo delirante, e aqueles que trazem a desordem, mesmo estritamente localizada, incêndio de moinho, assassinato de parente, amor ou agressividade deslocados.

Procuramos então distinguir um regime de signos despótico, significante e paranoico, e um regime autoritário, pós-significante, subjetivo ou passional. Seguramente o autoritário não é a mesma coisa que o despótico, o passional não é a mesma coisa que o paranoico, o subjetivo a mesma coisa que o significante. O que ocorre no segundo regime, em oposição ao regime significante, anteriormente definido? Em primeiro lugar, *um signo ou um grupo de signos se destaca da rede circular irradiante*, começa a trabalhar por sua conta, a correr em linha reta, como se adentrasse em uma estreita via aberta. O sistema significante já traçava uma linha de fuga ou de desterritorialização que excedia o índice próprio de seus signos desterritorializados; mas a essa linha, justamente, ele atribuiu um valor negativo, fazendo nela fugir o emissário. Dir-se-ia, agora, que essa linha recebe um signo positivo, que está efetivamente ocupada e seguida por todo um povo que nela encontra sua razão de ser ou seu destino. E certamente, ainda aqui, não fazemos história: não dizemos que um povo inventa esse regime de signos, mas somente que efetua em um dado momento o

[11] Esquirol sugere que a monomania é uma "doença da civilização" e segue uma evolução social: começa sendo religiosa, mas tende cada vez mais a devir política, assediada pela polícia (*Des maladies mentales*, cit., t. I, p. 400). Cf. também as observações de Emmanuel Regis, *Les Régicides dans l'histoire et dans le présent*, Paris, A. Maloine, 1890.

agenciamento que assegura a dominância relativa desse regime em condições históricas (e esse regime, essa dominância, esse agenciamento podem ser assegurados em outras condições, por exemplo patológicas ou literárias, ou amorosas, ou completamente *[153]* cotidianas etc). Não dizemos que um povo seja possuído por tal tipo de delírio, mas que o mapa de um delírio, considerando-se suas coordenadas, pode coincidir com o de um povo, considerando-se as dele. Como o faraó paranoico e o hebreu passional? Com o povo judeu, um grupo de signos se destaca da rede imperial egípcia da qual fazia parte, começa a seguir uma linha de fuga no deserto, opondo a subjetividade mais autoritária à significância despótica, o delírio mais passional e o menos interpretativo ao delírio paranoico interpretante, em suma opondo "o processo ou a reivindicação" lineares à rede circular irradiante. *Sua reivindicação, seu processo* — essa será a palavra de Moisés a seu povo, e os processos se sucedem em uma linha de Paixão.[12] Kafka extrairá daí sua própria concepção da querelência ou do processo, e a sucessão dos segmentos lineares: o processo-pai, o processo-hotel, o processo-barco, o processo-tribunal...

Não podemos negligenciar aqui o acontecimento mais fundamental ou mais extensivo da história do povo judeu: a destruição do templo, que se faz em dois tempos (587 a.C.-70 d.C.). Toda a história do Templo, em primeiro lugar a mobilidade e a fragilidade do Arco, depois a construção de uma Casa por Salomão, sua reconstrução com Dario etc, só adquirem seu sentido em relação a processos renovados de destruição, que encontram seus dois grandes momentos com Nabucodonosor e com Tito. Templo móvel, frágil ou destruído: o arco não é mais do que um pequeno pacote de signos que alguns carregam consigo. O que deveio impossível é uma linha de fuga somente negativa, ocupada pelo animal ou pelo bode, enquanto carregado com todos os perigos que ameaçavam o significante. Que o mal recaia sobre nós é a fórmula que escande a história judaica: somos nós que devemos seguir a linha mais desterritorializada, a linha do bode, mudando-lhe o signo, tornando-a a linha positiva de nossa subjetividade, de nossa Paixão, de nosso processo ou reivindicação. Nós sere-

---

[12] *Deuteronômio*, 1, 12. Édouard Dhorme, em La Pléiade, precisa: "Vossa reivindicação, literalmente vosso processo".

mos nosso próprio bode. Nós seremos o cordeiro: "o Deus que, como um leão, era honrado com sangue dos sacrifícios, deve agora ser colocado em segundo plano, para que o Deus sacrificado ocupe a cena. (...) Deus deveio o animal imolado ao invés de ser o animal que imola".[13] Seguiremos, esposaremos a tangente que separa a terra e as águas, separaremos a rede circular e o *continuum* escorregadio, faremos nossa a linha de separação para traçar nela nosso caminho e dissociar os elementos do significante *[154]* (a pomba do Arco). Um estreito desfiladeiro, um entre-dois que não é uma média, mas uma linha afilada. Existe toda uma especificidade judaica, que se afirma já em uma semiótica. Essa semiótica, entretanto, não é menos mista do que uma outra. Por um lado, está em relação íntima com a semiótica contra-significante dos nômades (os hebreus têm todo um passado nômade, toda uma relação real com a organização numérica nômade na qual se inspiram, todo um devir-nômade específico; e sua linha de desterritorialização retoma muito da linha militar de destruição nomádica).[14] Por outro lado, está em relação essencial com a própria semiótica significante, cuja nostalgia não cessa de atravessá-las, elas mesmas e seu Deus: restabelecer uma sociedade imperial ou a ela se integrar, dar-se um rei como todo mundo (Samuel), reconstruir um templo enfim sólido (David e Salomão, Zacarias), fazer a espiral da torre de Babel e reencontrar o rosto de Deus, não somente parar a errância, mas transpor a diáspora que só existe, ela mesma, em função de um ideal de grande agrupamento. Pode-se somente assinalar aquilo que, nessa semiótica mista, dá testemunho do novo regime passional ou subjetivo, pós-significante.

[13] D. H. Lawrence, *L'Apocalypse*, trad. francesa Fanny Deleuze, Paris, Balland, 1978, cap. X.

[14] Cf. Édouard Dhorme, *La Religion des Hébreux nomades*, Bruxelas, Nouvelle Société d'Éditions, 1937. E Zacharie Mayani, *Les Hyksos et le monde de la Bible*, Paris, Payot, 1956. O autor insiste nas relações dos hebreus com os Habiru, nômades guerreiros, e com os quenianos, ferreiros nômades; o que é próprio a Moisés não é o princípio de organização numérica, tomado dos nômades, mas a ideia de uma convenção-processo, de um contrato-processo sempre revogável. Essa ideia, precisa Mayani, não vem nem de agricultores enraizados, nem de nômades guerreiros, nem mesmo de migrantes, mas de uma tribo em marcha que se pensa em termos de destino subjetivo.

A rostidade sofre uma profunda transformação. O deus desvia seu rosto, que ninguém deve ver; porém, inversamente, o sujeito desvia o seu, transido de um verdadeiro medo de deus. Os rostos que se desviam, e se colocam de perfil, substituem o rosto irradiante visto de frente. É nesse duplo desvio que se traça a linha de fuga positiva. O profeta é o personagem desse agenciamento; ele tem necessidade de um signo que lhe garanta a fala divina, sendo ele mesmo marcado por um signo que designa o regime especial ao qual ele pertence. Foi Espinosa quem elaborou a mais profunda teoria do profetismo, abrangendo essa semiótica própria. Caim, desviado de Deus que desviava dele, já segue a linha de desterritorialização, protegido pelo signo que o faz escapar à morte. Signo de Caim. Castigo pior do que a morte imperial? O Deus judaico inventa o *sursis*, a existência em *sursis*, o *adiamento ilimitado*.[15] Mas, igualmente, positividade da *[155]* aliança como nova relação com o deus, visto que o sujeito permanece sempre vivo. Abel, cujo nome é vaidade, não é nada, mas Caim é o verdadeiro homem. Não é mais absolutamente o sistema do truque ou da trapaça, que animava o rosto do significante, a interpretação do adivinho e os deslocamentos do sujeito. É o regime da traição, da traição universal, onde o verdadeiro homem não cessa de trair a Deus tanto quanto Deus trai o homem, em uma cólera de Deus que define a nova positividade. Antes de sua morte, Moisés recebe as palavras do grande cântico da traição. Contrariamente ao sacerdote-adivinho, até mesmo o profeta é fundamentalmente traiçoeiro, e realiza assim a ordem de Deus melhor do que o faria um fiel. Deus encarrega Jonas de ir a Nínive para convidar os habitantes a se corrigir, eles que não cessaram de trair a Deus. Mas o primeiro gesto de Jonas é o de tomar a direção oposta: por sua vez, ele trai a Deus e foge "longe da face de Adonai". Pega um barco em direção a Tarsis e dorme, como um justo. A tempestade suscitada por Deus faz com que seja lançado na água, engolido pelo grande peixe, cuspido para o limite da terra e das águas,

---

[15] Cf. Kafka, *O processo*. É o pintor Titorelli que elabora a teoria da moratória ilimitada. Deixando de lado a quitação definitiva, que não existe, Titorelli distingue a "quitação aparente" e a "moratória ilimitada" como dois regimes jurídicos: o primeiro é circular e remete a uma semiótica do significante, ao passo que o segundo é linear e segmentar, remetendo à semiótica passional.

o limite de separação ou a linha de fuga que já era a da pomba do Arco (Jonas é precisamente o nome da pomba). Mas, ao fugir do rosto de Deus, Jonas fez exatamente o que Deus queria, tomou para si o mal de Nínive, e fez melhor do que Deus teria desejado, antecipou a Deus. Foi por isso que dormiu como um justo. Deus o mantém vivo, provisoriamente protegido pela árvore de Caim, mas fazendo morrer por sua vez a árvore, visto que Jonas reconstituiu a aliança ocupando a linha de fuga.[16] É Jesus quem torna universal o sistema da traição: traindo o Deus dos judeus, traindo os judeus, traído por Deus (por que me abandonaste?), traído por Judas, o verdadeiro homem. Tomou o mal para si, mas os judeus que o matam tomam também o mal para eles mesmos. A Jesus pede-se o signo de sua filiação divina: ele invoca um signo de Jonas. Caim, Jonas e Jesus formam três grandes processos lineares nos quais os signos se imbricam e se alternam. Há muitos outros. Em toda parte, o duplo desvio na linha de fuga.

Quando o profeta recusa a tarefa que Deus lhe confia (Moisés, Jeremias, Isaías, etc), não é porque essa tarefa seja por demais pesada para ele, à maneira de um oráculo ou de um adivinho *[156]* de império que recusasse uma missão perigosa: é, antes, à maneira de Jonas, que antecipa a intenção de Deus, ocultando-se e fugindo, traindo, muito mais do que se tivesse obedecido. O profeta não para de ser forçado por Deus, literalmente violado por este, muito mais do que inspirado. O profeta não é um sacerdote. O profeta não sabe falar, Deus crava-lhe as palavras na boca, manducação da palavra, semiofagia de uma nova forma. Contrariamente ao adivinho, o profeta não interpreta nada: *tem um delírio de ação mais do que de ideia ou de imaginação*, uma relação com Deus passional e autoritária mais do que despótica e significante; ele antecipa e detecta as potências do devir mais do que aplica os poderes presentes e passados. Os traços de rostidade não têm mais como função a de impedir a formação de uma linha de fuga, ou a de formar um corpo de significância que a controla e que só lhe envia um bode sem rosto. É a rostidade, ao contrário, que organiza a linha de fuga, no face a face dos dois rostos que

---

[16] Jérôme Lindon foi o primeiro a analisar essa relação do profetismo judeu e da traição, no caso exemplar de Jonas. Cf. Lindon, *Jonas*, Paris, Minuit, 1955.

se recortam e se desviam, se colocam de perfil. A traição deveio a ideia fixa, a obsessão maior, que substitui a trapaça do paranoico e do histérico. A relação "perseguidor/perseguido" não é de forma alguma pertinente: ela muda inteiramente de sentido segundo o regime paranoico despótico, e segundo o regime passional autoritário.

Uma coisa nos preocupa mais uma vez: a história de Édipo. Pois Édipo no mundo grego é quase único. Toda a primeira parte é imperial, despótica, paranoica, interpretativa, divinatória. Mas toda a segunda parte é a errância de Édipo, sua linha de fuga no duplo desvio, de seu próprio rosto e do rosto de Deus. Ao invés dos limites bastante precisos que transpomos ordenadamente, ou, ao contrário, que não temos o direito de transpor (*hybris*), um ocultamento do limite no qual Édipo é tragado. Ao invés da irradiação significante interpretativa, um processo linear subjetivo que permitirá exatamente a Édipo guardar um segredo como resíduo capaz de reiniciar um novo processo linear. Édipo, denominado *atheos*: ele inventa algo pior do que a morte ou do que o exílio, segue a linha de separação ou de desterritorialização estranhamente positiva onde erra e sobrevive. Hölderlin e Heidegger veem aí o nascimento do *duplo desvio*, a mudança de rosto, e o nascimento da tragédia moderna, dos quais eles afirmam terem os gregos se beneficiado estranhamente: o resultado não é mais o assassinato e a morte brusca, mas uma sobrevivência em *sursis*, um adiamento ilimitado.[17] Nietzsche sugeria *[157]* que Édipo, em oposição a Prometeu, era o mito semita dos gregos, a glorificação da Paixão ou da passividade.[18] Édipo, o Caim grego. Voltemos mais uma vez à psicanálise. Não foi por acaso que Freud escolheu Édipo. Trata-se verdadeiramente de uma semiótica mista: regime despótico da significância e da interpretação, com irradiação do rosto; mas também regime autoritário da subjetivação e do profetismo, com desvio do rosto (nesse

---

[17] Friedrich Hölderlin, *Remarques sur Œdipe*, trad. francesa, Paris, 10-18, 1965 (mas igualmente as restrições de Hölderlin acerca do caráter grego de uma tal morte "lenta e difícil"; e o belo comentário de Jean Beaufret acerca da natureza dessa morte e suas relações com a traição: "Ao desvio categórico do deus que não é mais do que o Tempo, o homem deve corresponder desviando-se ele mesmo como um traidor").

[18] Friedrich Nietzsche, *O nascimento da tragédia*, par. 9.

momento, o psicanalista situado atrás do paciente adquire todo seu sentido). Os recentes esforços para explicar que um "significante representa o sujeito para um outro significante" são tipicamente sincretismo: processo linear da subjetividade ao mesmo tempo que desenvolvimento circular do significante e da interpretação. Dois regimes de signos absolutamente diferentes para um misto. Mas é aí que os piores poderes, os mais dissimulados, são fundados.

Ainda uma palavra acerca da história da traição passional autoritária, em oposição à trapaça paranoica despótica. Tudo é infâmia, mas Borges falhou em sua história da infâmia universal. Teria sido necessário distinguir o grande domínio das trapaças e o grande domínio das traições. E, em seguida, as diversas figuras de traição. Há, de fato, uma segunda figura da traição, surgindo em determinados momentos, em determinados lugares, mas sempre em virtude de um agenciamento que varia segundo novos componentes. O cristianismo é um caso particular importante de semiótica mista, com sua combinação imperial significante, mas também sua subjetividade judaica pós-significante. Transforma o sistema ideal significante, porém não menos o sistema passional pós-significante. Inventa um novo agenciamento. As heresias ainda fazem parte da trapaça, como a ortodoxia faz parte da significância. Mas existem heresias que são mais do que heresias, e que invocam a traição pura: os bugres, não é por acaso que os búlgaros têm um lugar especial. Desconfiem dos búlgaros, dizia Monsieur Plume. Problema das territorialidades em relação aos profundos movimentos de desterritorialização. E em seguida uma outra territorialidade ou uma outra desterritorialização, a Inglaterra: Cromwell, traidor em todos os lugares, linha reta de subjetivação passional que se opõe ao centro real de significância e aos círculos intermediários: o ditador contra o déspota. Ricardo III, o facínora, o tortuoso, que tem como ideal a tudo trair: ele enfrenta Lady Anne em um face a face no qual os *[158]* dois rostos se desviam, mas no qual cada um sabe que é feito para o outro, destinado ao outro. Diferença em relação a outros dramas históricos de Shakespeare: os reis que trapaceiam para tomar o poder, assassinos, mas que devêm bons reis. São homens de Estado. Ricardo III vem de outro lugar: o seu negócio, inclusive em relação às mulheres, provém de uma máquina de guerra mais do que de um aparelho de Estado. É o traidor, oriundo dos grandes nômades e de seu segredo. Ele diz isso desde o início, falando de um projeto secreto, que ultrapassa infinitamente a conquista do poder. Quer restaurar a máquina de guerra, tanto no Estado frágil quanto nos casais pacificados. Somente Lady Anne o adivinha, fascinada, aterrorizada, consenciente. Todo o teatro elisabetano é perpassado por esses personagens de traidores que se querem absolutos, que se opõem às trapaças do homem da corte ou mesmo de Estado. Quantas traições acompanham as grandes descobertas na cristandade, a descoberta das terras e dos continentes novos: linhas de desterritorializações, onde pequenos grupos a tudo traem: seus companheiros, o rei, os indígenas, o explorador vizinho, na louca esperança de fundar, com uma mulher de sua família, uma raça enfim pura que fará tudo recomeçar. O filme de Herzog, *Aguirre*, bastante shakespeariano. Aguirre levanta a questão: como ser traidor em toda a parte, em tudo? Sou eu o único traidor, aqui. Finda a trapaça, chega o momento de trair. Que grande sonho! Eu serei o último traidor, o traidor total, logo o último homem. E em seguida a Reforma: a prodigiosa figura de Lutero como traidor de todas as coisas e de todas as pessoas, sua relação pessoal com o diabo de onde deriva a traição universal tanto nas boas obras quanto nas más. Há sempre um retorno ao Antigo Testamento nessas novas figuras da traição: eu sou a cólera de Deus. Mas a traição deveio humanista, ela não ocorre mais entre Deus e seus próprios homens, se apoia em Deus para ocorrer entre seus homens e os outros, denunciados como trapaceiros. A rigor, há apenas um homem de Deus ou da cólera de Deus, um único traidor contra todos os trapaceiros. Mas, sempre misto, qual trapaceiro não se toma por tal homem e qual traidor não diz a si mesmo, um dia, que não era, afinal, senão um trapaceiro (cf. o estranho caso de Maurice Sachs).

É evidente que o livro, ou o que serve como livro, muda de sentido entre o regime paranoico significante e o regime passional pós-significante. No primeiro caso, há, antes de tudo, a emissão do significante despótico, e sua interpretação pelos escribas ou pelos sacerdotes, que fixa o significado e fornece novamente o significante; mas existe também, de signo em signo, um movimento que vai de um território a um outro e que, circulante, assegura uma certa velocidade de desterritorialização (por exemplo, a circulação de uma epopeia, a rivalidade *[159]* de várias cidades pelo nascimento de um herói, e aí, novamente, o papel dos sacerdotes-escribas nas trocas de territorialidades e de genealogias).[19] Mas o que serve como livro tem sempre aqui um modelo exterior, um referente, rosto, família ou território que asseguram para o livro um caráter oral. Diríamos, ao contrário, que, no regime passional, o livro se interioriza, e interioriza tudo: devém Livro escrito sagrado. É ele que funciona como rosto, e Deus, que dissimula o seu, dá a Moisés as tábuas escritas. Deus se manifesta pelas trombetas e pela Voz; mas no som ouve-se o não-rosto, assim como no livro se veem as palavras. *O livro deveio o corpo da paixão*, como o rosto era o corpo do significante. É agora o livro, o mais desterritorializado, que fixa os territórios e as genealogias. Estas são o que diz o livro, e aqueles o lugar onde o livro se diz. De forma que a interpretação muda completamente de função. Ou desaparece completamente, em benefício de uma pura recitação da letra que interdita a mínima mudança, o mínimo acréscimo, o mínimo comentário (o famoso "embrutecei-vos" cristão faz parte dessa linha passional, e o Corão é o que vai mais longe nessa direção). Ou a interpretação subsiste, mas devém interior ao próprio livro, que perde sua função circulatória entre elementos de fora: por exemplo, é segundo esses eixos interiores aos livros que são fixados os diferentes tipos de interpretação codificados; é segundo as correspondências entre dois livros, assim como o Antigo e o Novo Testamento, que a interpretação se organiza, podendo induzir ainda a um terceiro livro que está imerso no mesmo elemento de interioridade.[20] Ou enfim a interpretação recusa qualquer intermediário bem como qualquer especialista, devém imediata, porque o livro é, ao mesmo tempo, escrito nele mesmo e no coração, uma vez como ponto de subjetivação, uma vez no sujeito (concepção reformista do livro). Em todo caso, a paixão delirante do livro, como origem e finalidade do mundo, encontra aqui seu ponto de partida.

[19] Sobre a natureza da "biblioteca" épica (o caráter imperial, o papel dos sacerdotes, a circulação entre santuários e cidades), cf. Charles Autran, *Homère et les origines sacerdotales de l'épopée grecque*, Paris, Denoël, 1938.

[20] Cf. as técnicas de interpretação do livro na Idade Média; e a tentativa extrema de Joachim de Flore, que induz, do interior, um terceiro estado ou processo de concordâncias entre os dois Testamentos (*L'Évangile éternel*, Paris, Rieder, 1928).

O livro único, a obra total, todas as combinações possíveis *no interior* do livro, o livro-árvore, o livro-cosmos, todas essas reapropriações caras às vanguardas, que separam o livro de suas relações com o fora, são ainda piores do que o canto do significante. Não há dúvida de que elas participam *[160]* estreitamente desse canto na semiótica mista. Mas, na verdade, têm uma origem particularmente devota. Wagner, Mallarmé e Joyce, Marx e Freud são ainda Bíblias. Se o delírio passional é profundamente monomaníaco, a monomania, por sua vez, encontrou um elemento fundamental de seu agenciamento no monoteísmo e no Livro. O mais estranho culto.

Eis o que acontece no regime passional ou de subjetivação. Não há mais centro de significância em relação aos círculos ou a uma espiral em expansão, mas um ponto de subjetivação que dá a partida da linha. Não há mais relação significante-significado, mas um sujeito de enunciação, que deriva do ponto de subjetivação, e um sujeito de enunciado em uma relação determinável, por sua vez, com o primeiro sujeito. Não há mais circularidade de signo a signo, mas processo linear onde o signo se abisma através dos sujeitos. Consideremos três diferentes domínios:

1) *Os judeus em oposição aos impérios*: Deus afastando seu rosto, que deveio ponto de subjetivação para o traçado de uma linha de fuga ou de desterritorialização; Moisés como sujeito de enunciação, que se constitui a partir das tábuas de Deus substituindo o rosto; o povo judeu, constituindo o sujeito de enunciado, para a traição, mas também para a nova terra, formando uma aliança ou um "processo" linear a ser sempre retomado, ao invés de uma expansão circular.

2) *A dita filosofia moderna, ou cristã*: Descartes em oposição à filosofia antiga: a ideia de infinito como primeira, ponto de subjetivação absolutamente necessário; o Cogito, a consciência, o "eu penso", como sujeito de enunciação que reflete seu próprio uso, e que só se concebe segundo uma linha de desterritorialização representada pela dúvida metódica; o sujeito de enunciado, a união da alma e do corpo ou o sentimento, que serão garantidos de forma complexa pelo cogito, e que operam as reterritorializações necessárias. O cogito, a ser sempre recomeçado como um processo, com a possibilidade de traição que o assola, Deus enganador e Gênio maligno. E quando Descartes diz: posso inferir "penso, logo existo", ao passo que não posso

fazer o mesmo para "caminho, logo sou", levanta a distinção dos dois sujeitos (o que os linguistas atuais, sempre cartesianos, denominam *shifter* [embreante], podendo encontrar no segundo sujeito o rastro do primeiro).

3) *A psiquiatria do século XIX*: a monomania separada da mania; o delírio subjetivo isolado dos delírios ideais; a "possessão", substituindo a feitiçaria; um lento desprender dos delírios passionais, que se distinguem da paranoia... O esquema do delírio passional segundo Clérambault é: o Postulado como ponto de subjetivação (*Ele* me ama); o orgulho como tonalidade *[161]* do sujeito de enunciação (perseguição delirante do ser amado); o Desprezo, o Rancor (como efeito da recaída no sujeito de enunciado). O delírio passional é um verdadeiro cogito. Nesse exemplo da erotomania, assim como para o ciúme ou a querelência, Clérambault insiste bastante sobre o fato de o signo dever ir até o fim de um segmento ou processo linear antes de recomeçar um outro processo, ao passo que os signos no delírio paranoico não deixam de formar uma rede que se desenvolve em todos os sentidos e se modifica. Também o cogito segue um processo temporal linear que deve ser recomeçado. A história dos judeus foi pontuada por catástrofes nas quais subsistia, a cada vez, o número suficiente de sobreviventes para recomeçar um novo processo. O conjunto de um processo é frequentemente marcado pelo seguinte: o plural é empregado sempre que haja movimento linear, mas surge um recolhimento no Singular desde que um repouso, uma parada determinem o fim de um movimento antes que um outro recomece.[21] Segmentaridade fundamental: é preciso que um processo esteja terminado (e seu término, marcado) antes que um outro comece, e para que o outro possa começar.

A linha passional do regime pós-significante encontra sua origem no ponto de subjetivação. Este pode ser qualquer um. Basta que a partir desse ponto se possam encontrar os traços característicos da semiótica subjetiva: o duplo desvio, a traição, a existência em *sursis*. O

[21] Por exemplo, *Êxodo*, 19, 2: "*Eles* partiram de Refidim e chegaram ao deserto do Sinai, *eles* acamparam no deserto e aí *Israel* acampou diante da montanha". [Na tradução de João Ferreira de Almeida, "Tendo partido de Refidim, vieram ao deserto de Sinai, no qual se acamparam; ali, pois, se acampou Israel em frente do monte" (N. da T.)]

alimento representa esse papel para o anoréxico (o anoréxico não enfrenta a morte, mas se salva traindo o alimento, e o alimento não é menos traidor, suspeito de conter larvas, vermes e micróbios). Um vestido, uma lingerie, um calçado são pontos de subjetivação para um fetichista. Um traço de rostidade para um apaixonado, mas o rosto mudou de sentido, deixando de ser o corpo de um significante para devir o ponto de partida de uma desterritorialização que põe em fuga todo o resto. Uma coisa, um animal podem bastar. Existe cogito em todas as coisas. "Dois olhos muito afastados, uma cabeça entalhada no quartzo, um quadril que parecia dotado de vida pessoal (...), cada vez que a beleza devém irresistível, ela pode se reduzir a uma qualidade única": ponto de subjetivação na partida de uma linha passional.[22] E mais: vários pontos coexistem para um determinado indivíduo ou grupo, sempre engajados em vários processos lineares distintos, nem sempre compatíveis. As diversas formas de educação ou de "normalização" *[162]* impostas a um indivíduo consistem em fazê-lo mudar de ponto de subjetivação, sempre mais alto, sempre mais nobre, sempre mais conforme a um suposto ideal. Depois, do ponto de subjetivação deriva o sujeito de enunciação, em função de uma realidade mental determinada por esse ponto. E do sujeito de enunciação deriva, por sua vez, um sujeito de enunciado, isto é, um sujeito preso nos enunciados conformes a uma realidade dominante (sendo a realidade mental de agora há pouco apenas uma parte desta realidade, mesmo quando parece a ela se opor). O que é importante, o que faz então da linha passional pós-significante uma linha de subjetivação ou de sujeição, é a constituição, a duplicação dos dois sujeitos, e o rebatimento de um sobre o outro, do sujeito de enunciação sobre o sujeito de enunciado (o que os linguistas reconhecem quando falam de uma "marca do processo de enunciação no enunciado"). A significância operava uma uniformização substancial da enunciação, mas agora a subjetividade opera, nesta, uma individuação, coletiva ou particular. Como se diz, a substância deveio sujeito. *O sujeito de enunciação é rebatido sobre o sujeito de enunciado, podendo este fornecer novamente, por sua vez, um sujeito de enunciação para um outro processo.* O sujeito do enunciado deveio o "respondente" do sujeito

[22] Henry Miller, *Sexus*, Paris, Buchet-Chastel, 1968, p. 334.

de enunciação, em um tipo de ecolalia redutora, em uma relação bi-unívoca. Essa relação, esse rebatimento, é igualmente o da realidade mental sobre a realidade dominante. Há sempre um apelo a uma realidade dominante que funciona de dentro (por exemplo no Antigo Testamento; ou na Reforma, com o comércio e o capitalismo). Nem mesmo há mais necessidade de um centro transcendente de poder, mas, antes, de um poder imanente que se confunde com o "real", e que procede por normalização. Há aí uma estranha invenção: como se o sujeito duplicado fosse, em uma de suas formas, *causa* dos enunciados dos quais ele mesmo faz parte na sua outra forma. É o paradoxo do legislador-sujeito, que substitui o déspota significante: quanto mais você obedece aos enunciados da realidade dominante, mais comanda como sujeito de enunciação na realidade mental, pois finalmente você só obedece a você mesmo, é a você que você obedece! E é você quem comanda, enquanto ser racional... Inventou-se uma nova forma de escravidão, ser escravo de si mesmo, ou a pura "razão", o Cogito. Existe algo mais passional do que a razão pura? Existe uma paixão mais fria e mais extrema, mais interessada do que o Cogito?

Althusser destacou essa constituição dos indivíduos sociais em sujeitos: ele a nomeia interpelação ("ei, você aí!"), denomina Sujeito absoluto o ponto de subjetivação, analisa "a reduplicação especular" dos sujeitos, e conduz sua demonstração *[163]* com o exemplo de Deus, de Moisés e do povo judeu.[23] Linguistas como Benveniste fazem uma curiosa personologia linguística, bem próxima do Cogito: o *Tu*, que pode, sem dúvida, designar a pessoa a quem nos dirigimos, porém mais ainda um ponto de subjetivação a partir do qual cada um se constitui como sujeito; o *Eu* como sujeito de enunciação, designando a pessoa que enuncia e reflete seu próprio uso no enunciado ("signo vazio não referencial"), tal como aparece em proposições do tipo "eu creio, eu suponho, eu penso..."; enfim o *eu* como sujeito de enunciado, que indica um estado que se poderia sempre substituir por um *Ele* ("sofro, ando, respiro, sinto...").[24] Não se trata, entretanto, de

[23] Louis Althusser, "Idéologie et appareils idéologiques d'État", *La Pensée*, n° 151, jun. 1970, pp. 29-35.

[24] Émile Benveniste, *Problèmes de linguistique générale*, cit., pp. 252 ss. Benveniste fala de um "processo".

uma operação linguística, pois um sujeito nunca é condição de linguagem nem causa de enunciado: não existe sujeito, mas somente agenciamentos coletivos de enunciação, sendo a subjetivação apenas um dentre eles, e designando por isso uma formalização da expressão ou um regime de signos, não uma condição interior da linguagem. Tampouco se trata, como diz Althusser, de um movimento que caracterizaria a ideologia: a subjetivação como regime de signos ou forma de expressão remete a um agenciamento, isto é, a uma organização de poder que já funciona plenamente na economia, e que não vem se superpor a conteúdos ou a relações de conteúdos determinados como reais em última instância. O capital é um ponto de subjetivação por excelência.

Cogito psicanalítico: o psicanalista se apresenta como ponto de subjetivação ideal, que fará com que o paciente abandone seus antigos pontos considerados neuróticos. O paciente será parcialmente sujeito de enunciação em tudo o que diz ao psicanalista, e nas condições mentais artificiais da sessão: assim ele será nomeado "psicanalisando". Mas, em tudo o que diz ou faz em qualquer outro lugar, ele é sujeito de enunciado, eternamente psicanalisado, de processo linear em processo linear, mesmo mudando de psicanalista, cada vez mais submetido à normalização de uma realidade dominante. É nesse sentido que a psicanálise, em sua semiótica mista, participa plenamente de uma linha de subjetivação. O psicanalista nem mesmo tem mais necessidade de falar, o psicanalisando encarrega-se da interpretação; quanto ao psicanalisado, é um sujeito ainda melhor quando pensa em "sua" próxima sessão, ou na precedente, em segmentos. *[164]*

Assim como o regime paranoico possuía dois eixos — de um lado o signo remetendo ao signo (e com isso, significando), de outro o significante remetendo ao significado —, o regime passional, a linha de subjetivação, tem também seus dois eixos, sintagmático e paradigmático: o primeiro, acabamos de ver, é a consciência. A consciência como paixão é precisamente essa duplicação dos dois sujeitos, em sujeito de enunciação e sujeito de enunciado, e o rebatimento de um sobre o outro. Mas a segunda forma de subjetivação é o amor como paixão, o amor-paixão, um outro tipo de duplo, de duplicação e de rebatimento. Mais uma vez, um ponto de subjetivação variável irá servir para a distribuição de dois sujeitos que ocultarão seus rostos enquanto os inclinam um em direção ao outro, e esposarão uma linha de fuga, uma linha de desterritorialização que os aproxima e os separa para sempre. Mas tudo muda: há um lado celibatário da consciência que se duplica, há um par do amor passional que não tem mais necessidade de consciência nem de razão. E entretanto, é o mesmo regime, mesmo na traição, e mesmo se a traição é assegurada por um terceiro. Adão e Eva, a mulher de Caim (sobre quem a Bíblia deveria ter falado mais). Ricardo III, o traidor, termina na consciência que o sonho lhe traz, mas havia passado pelo estranho face a face com Lady Anne, de dois rostos que se ocultam sabendo que estão prometidos um ao outro segundo a mesma linha que, entretanto, irá separá-los. O amor mais leal e o mais terno, ou o mais intenso, distribui um sujeito de enunciação e um sujeito de enunciado que não cessam de se alternar, na doçura de ser ele mesmo um enunciado nu na boca do outro, e na medida em que o outro seja uma enunciação nua em minha própria boca. Mas existe sempre um traidor em estado latente. Que amor não seria traído? Que cogito não possui seu gênio maligno, o traidor do qual não nos desembaraçamos? "Tristão... Isolda... Isolda... Tristão...": o grito dos dois sujeitos percorre assim toda a escala das intensidades, até alcançar o auge de uma consciência sufocante, enquanto o navio segue a linha das águas, da morte e do inconsciente, da traição, a linha da melodia contínua. O amor passional é um cogito a dois, como o cogito é uma paixão apenas por si mesmo. Há um par potencial no cogito, como a duplicação de um sujeito virtual único no amor-paixão. Klossowski pôde extrair as mais estranhas figuras dessa complementaridade de um pensamento por demais intenso e de um par por demais ardente. A linha de subjetivação é então completamente ocupada pelo Duplo, mas ela tem duas figuras assim como existem dois tipos de duplos: a figura sintagmática da consciência ou o duplo consciencial que concerne à forma (Eu = Eu); a figura paradigmática do par ou o duplo passional que concerne à substância (Homem = Mulher, *[165]* sendo o duplo imediatamente a diferença dos sexos).

Podemos seguir o devir desses duplos nas semióticas mistas, que tanto formam misturas quanto degradações. Por um lado, o duplo amoroso passional, o par do amor-paixão cai em uma relação conjugal, ou mesmo em uma "cena doméstica": quem é sujeito de enunciação? Quem é sujeito de enunciado? Luta de sexos: *Você rouba meus pensamentos*, a cena doméstica sempre foi um cogito a dois, um cogito de guerra, Strindberg levou ao extremo essa queda do amor-paixão na conjugalidade despótica e na cena paranoico-histérica ("ela" diz que encontrou por ela mesma; de fato, ela me deve tudo, eco, roubo de pensamentos, oh Strindberg!).[25] Por outro lado, o duplo consciencial do pensamento puro, o par do legislador-sujeito, cai em uma relação burocrática, e uma nova forma de perseguição, onde um se apossa do papel de sujeito de enunciação ao passo que o outro não é senão sujeito de enunciado: o cogito devém ele mesmo "cena de escritório", delírio amoroso burocrático, uma nova forma de burocracia substitui ou se conjuga à velha burocracia imperial, o burocrata diz *Eu penso* (é Kafka quem vai mais longe nesse sentido, como no exemplo do *Castelo*, Sortini e Sordini, ou as diversas subjetivações de Klamm).[26] A conjugalidade é o desenvolvimento do par, como a burocracia o do cogito: mas um está no outro, burocracia amorosa e par burocrático. Escreveu-se demais acerca do duplo, de todos os modos, metafisicamente, colocando-o em toda parte, em todos os espelhos, sem ver seu regime próprio tanto em uma semiótica mista onde ele introduz novos momentos, quanto na semiótica pura de subjetivação onde ele se inscreve na linha de fuga para nela impor figuras deveras particulares. Mais uma vez: as duas figuras do pensamento-consciência e do amor-paixão no regime pós-significante; os dois momentos da consciência burocrática e da relação conjugal na queda ou na combinação mistas. Mas, mesmo no misto, a linha original facilmente se destaca sob as condições de uma análise semiótica.

Há uma redundância da consciência e do amor, que não é a mesma coisa que a redundância significante do outro regime. *[166]* No regime significante, a redundância é um fenômeno de *frequência* ob-

---

[25] Um aspecto da genialidade de Strindberg foi o de elevar o casal, e a cena doméstica, a um nível semiótico intenso, e de fazer dessa cena um fator de criação no regime dos signos. Esse não foi o caso de Jouhandeau. Em contrapartida, Klossowski soube inventar novas fontes e conflitos de um cogito passional a dois, do ponto de vista de uma teoria geral dos signos (Pierre Klossowski, *Les Lois de l'hospitalité*, Paris, Gallimard, 1965).

[26] Cf. também *O duplo*, de Dostoiévski.

jetiva, afetando os signos ou elementos de signos (fonemas, letras, grupos de letras em uma língua); há ao mesmo tempo uma frequência máxima do significante em relação a cada signo e uma frequência comparativa de um signo em relação a um outro. Dir-se-ia, em todo caso, que esse regime desenvolve um tipo de "muro" onde os signos se inscrevem, em suas relações uns com os outros bem como em sua relação com o significante. No regime pós-significante, ao contrário, a redundância é de *ressonância subjetiva*, e afeta antes de tudo os aparelhos de embreantes, pronomes pessoais e nomes próprios. Também aí, distinguir-se-á uma ressonância máxima da consciência de si (Eu = Eu) e uma ressonância comparada de nomes (Tristão... Isolda...). Mas dessa vez não existe mais um muro onde a frequência se contabiliza, é antes um buraco negro que atrai a consciência e a paixão, no qual elas ressoam. Tristão chama Isolda, Isolda chama Tristão, os dois avançam em direção ao buraco negro de uma consciência de si onde a torrente os arrasta, a morte. Quando os linguistas distinguem as duas formas de redundância — frequência e ressonância —, atribuem frequentemente à segunda um estatuto unicamente derivado.[27] Trata-se, na verdade, de duas semióticas, que se misturam, mas que nem por isso deixam de ter seus princípios distintos (poder-se-iam igualmente definir ainda outras formas de redundância, rítmicas ou gestuais, numéricas, remetendo aos outros regimes de signos). O que distingue mais essencialmente o regime significante e o regime subjetivo, tanto quanto suas respectivas redundâncias, é o *movimento de desterritorialização* que efetuam. Visto que o signo significante não remete mais senão ao signo, e o conjunto dos signos ao próprio significante, a semiótica correspondente desfruta de um alto nível de desterritorialização, mas ainda *relativo*, expresso como frequência. Nesse sistema, a linha de fuga permanece negativa, afetada por um signo negativo. Vimos que o regime subjetivo funcionava de forma completamente diferente: justamente porque o signo rompe sua relação de significância com o signo, e começa a correr em uma linha de fuga positiva, atinge uma desterritorialização *absoluta*, que se expressa no buraco negro da cons-

---

[27] Sobre essas duas formas de redundância, cf. o artigo "Redondance", em André Martinet, *La Linguistique: guide alphabétique*, cit., pp. 331-3.

ciência e da paixão. Desterritorialização absoluta do cogito. É por isso que a redundância subjetiva parece se enxertar na significância, e dela derivar, como uma redundância em segundo grau.

E é ainda mais complicado do que dizemos. A subjetivação confere à linha de fuga um signo positivo, leva a desterritorialização ao absoluto, a intensidade ao mais alto grau, *[167]* a redundância a uma forma refletida etc. Mas, sem recair no regime precedente, ela tem sua maneira própria de renegar a positividade que libera, ou de relativizar o absoluto que atinge. O absoluto da consciência é o absoluto da impotência, e a intensidade da paixão, o calor do vazio, nessa redundância de ressonância. Pois a subjetivação constitui essencialmente processos lineares finitos, de forma que um termina antes que o outro comece: assim como acontece com um cogito sempre recomeçado, com uma paixão ou uma reivindicação sempre retomadas. Cada consciência persegue sua própria morte, cada amor-paixão persegue seu próprio fim, atraídos por um buraco negro, e todos os buracos negros ressoando em conjunto. Com isso a subjetivação impõe à linha de fuga uma segmentaridade que não cessa de renegá-la, e impõe à desterritorialização absoluta um ponto de abolição que não cessa de barrá-la, de desviá-la. A razão disso é simples: as formas de expressão ou os regimes de signos são ainda *estratos* (mesmo quando considerados por eles mesmos, abstraindo as formas de conteúdo); a subjetivação não deixa de ser um estrato assim como a significância.

Os principais estratos que aprisionam o homem são o organismo, mas também a significância e a interpretação, a subjetivação e a sujeição. São todos esses estratos em conjunto que nos separam do plano de consistência e da máquina abstrata, aí onde não existe mais regime de signos, mas onde a linha de fuga efetua sua própria positividade potencial, e a desterritorialização, sua potência absoluta. Ora, a esse respeito, o problema é o de fazer bascular o agenciamento mais favorável: fazê-lo passar, de sua face voltada para os estratos, à outra face voltada para o plano de consistência ou para o corpo sem órgãos. A subjetivação leva o desejo a um tal ponto de excesso e de escoamento que ele deve ou se abolir em um buraco negro ou mudar de plano. Desestratificar, se abrir para uma nova função, *diagramática*. Que a consciência deixe de ser seu próprio duplo e a paixão, o duplo de um para o outro. Fazer da consciência uma experimentação de vida, e da paixão um campo de intensidades contínuas, uma emissão de signos-partículas. Fazer o corpo sem órgãos da consciência e do amor. Servir-se do amor e da consciência para abolir a subjetivação: "para devir o grande amante, o magnetizador e o catalisador, é preciso antes de tudo viver a sabedoria de não ser senão o último dos idiotas".[28] Servir-se do *Eu penso* para *[168]* um devir-animal e do amor, para um devir-mulher do homem. Dessubjetivar a consciência e a paixão. Não existiriam redundâncias diagramáticas que não se confundem com os significantes nem com os subjetivos? Redundâncias que não seriam mais nós de arborescência, mas sim retomadas e precipitações em um rizoma? Ser gago de linguagem, estrangeiro em sua própria língua,

> *ne do ne domi ne passi ne dominez pas*
> *ne dominez paz vos passions passives ne*
> *(...)*
> *ne do dévorants ne do ne dominez pas*
> *vos rats vos rations vos rats rations ne ne...*[29]

É como se fosse necessário distinguir três tipos de desterritorialização: umas relativas, próprias aos estratos, e que culminam com a significância; outras absolutas, mas ainda negativas e referentes aos estratos, que surgem na subjetivação (*Ratio e Passio*); enfim a eventualidade de uma desterritorialização positiva absoluta no plano de consistência ou corpo sem órgãos.

Certamente não conseguimos eliminar as formas de conteúdo (por exemplo o papel do templo, ou a posição de uma Realidade dominante etc.). Mas, em condições artificiais, isolamos um determinado número de semióticas que apresentam características bastante diversas. *A semiótica pré-significante*, em que a "sobrecodificação" que

---

[28] Henry Miller, *Sexus*, cit., p. 307. O tema do idiota é ele mesmo bastante variado. Percorre explicitamente o cogito, segundo Descartes, e o sentimento, segundo Rousseau. Mas a literatura russa o arrebata para outras vias, para além da consciência ou da paixão.

[29] Ghérasim Luca, *Le Chant de la carpe*, cit., pp. 87-94.

marca o privilégio da linguagem é exercida de uma forma difusa: a enunciação é, aí, coletiva; os próprios enunciados são plurívocos; as substâncias de expressão são múltiplas; a desterritorialização relativa é aí determinada pelo confronto de territorialidades e de linhagens segmentares que conjuram o aparelho de Estado. *A semiótica significante*: onde a sobrecodificação é plenamente efetuada pelo significante e pelo aparelho de Estado que a emite; há uniformização da enunciação, unificação da substância de expressão, controle dos enunciados em um regime de circularidade; a desterritorialização relativa é aí levada ao mais alto ponto, por uma remissão perpétua e redundante do signo ao signo. *A semiótica contra-significante*: a sobrecodificação é aí assegurada pelo Número como forma de expressão ou de enunciação, e pela Máquina de guerra da qual depende; a desterritorialização serve-se de uma linha de destruição ou de abolição ativa. *A semiótica pós-significante*, em que a sobrecodificação é assegurada pela redundância da consciência; produz-se uma subjetivação da enunciação em uma linha passional que torna a organização de poder imanente, e eleva a desterritorialização *[169]* ao absoluto, mesmo que de uma maneira ainda negativa. — Ora, devemos considerar dois aspectos: por um lado essas semióticas, mesmo abstraindo-se as formas de conteúdo, são concretas, mas somente à medida que são mistas, constituídas por combinações mistas. Qualquer semiótica é mista, e só funciona assim; cada uma captura obrigatoriamente fragmentos de uma ou de várias outras (mais-valias de código). Mesmo desse ponto de vista, a semiótica significante não tem qualquer privilégio do qual possa se utilizar para formar uma semiótica geral: especialmente o modo pelo qual ela se combina com a semiótica passional de subjetivação ("o significante para o sujeito") nada implica de preferencial em relação a outras combinações, por exemplo entre a semiótica passional e a contra-significante, ou entre a contra-significante e a própria significante (quando os nômades se fazem imperiais) etc. Não existe semiologia geral.

Por exemplo, e sem privilégio de um regime em relação ao outro, podemos fazer esquemas concernentes à semiótica significante e à semiótica pós-significante, em que as possibilidades de composição mista concreta pareçam evidentes:

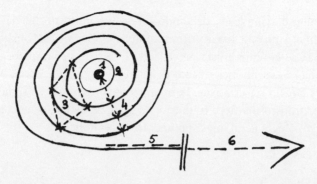

1. O Centro ou o Significante, rostidade de deus, do déspota; 2. O Templo ou o Palácio, com sacerdotes e burocratas; 3. A organização em círculos e o signo que remete ao signo, em um mesmo círculo ou de um círculo ao outro; 4. O desenvolvimento interpretativo do significante em significado, para restituir o significante; 5. O bode expiatório, barreira da linha de fuga; 6. O bode emissário, signo negativo da linha de fuga.

Mas o outro aspecto, complementar e bastante diferente, consiste na possibilidade de transformar uma semiótica pura ou abstrata em uma outra, em virtude da traduzibilidade que deriva da sobrecodificação como caráter particular da linguagem. Dessa vez *[170]* não se trata mais de semióticas mistas concretas, mas de transformações de uma semiótica abstrata em uma outra (mesmo se essa transformação não for abstrata por sua própria conta, isto é, efetivamente ocorra, sem ser operada por um "tradutor" como puro estudioso). Denominaríamos *transformações analógicas* todas aquelas que fariam com que uma semiótica qualquer passasse a um regime pré-significante; *simbólicas*, no regime significante; *polêmicas ou estratégicas*, no regime contra-significante; *conscienciais ou miméticas*, no regime pós-significante; *diagramáticas*, enfim, as que fariam eclodir as semióticas ou os regimes de signos no plano de consistência de uma desterritorialização positiva absoluta. Uma transformação não se confunde com um enunciado de uma semiótica pura; nem mesmo com um enunciado ambíguo, em que é necessária toda uma análise pragmática para saber a qual semiótica ele pertence; nem com um enunciado que pertence a uma semiótica mista (ainda que a transformação possa ter um tal efeito). Um enunciado transformacional marca, antes, a maneira pela qual uma semiótica traduz por sua conta enunciados vindos de outra parte, mas desviando-os, deixando aí resíduos intransformáveis, e resistindo ativamente à transformação inversa. E mais: as transformações não se limitam à lista precedente. É sempre por transformação que uma nova semiótica é capaz de se criar por conta própria. As traduções podem ser criativas. Formamos novos regimes de signos puros por transformação e tradução. Aí igualmente não se encontrará uma semiologia geral, mas sim uma trans-semiótica.

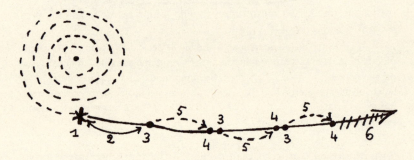

1. O ponto de subjetivação, substituindo o centro de significância; 2. Os dois rostos que se desviam; 3. O sujeito de enunciação, que deriva do ponto de subjetivação no desvio; 4. O sujeito de enunciado, sobre o qual se rebate o sujeito de enunciação; 5. A sucessão de processos lineares finitos, com uma nova forma de sacerdotes e uma nova burocracia; 6. Em que a linha de fuga, liberada mas ainda segmentarizada, permanece negativa e barrada. *[171]*

Nas transformações analógicas, vê-se frequentemente como o sono, a droga, a exaltação amorosa podem formar expressões que traduzem em pré-significante os regimes significantes ou subjetivos que queremos lhes impor, mas aos quais elas resistem impondo-lhes, por sua vez, uma segmentaridade e uma plurivocidade imprevistas. O cristianismo sofreu estranhas traduções criativas ao passar pelos "bárbaros" ou mesmo pelos "selvagens". A introdução dos signos monetários em certos circuitos comerciais africanos fez com que esses signos sofressem uma transformação análoga bastante difícil de manejar (a menos que, ao contrário, sejam esses circuitos os que sofram uma transformação destrutiva).[30] As canções dos negros americanos,

---

[30] Por exemplo, quando os brancos introduzem o dinheiro entre os Sianes da Nova Guiné, estes começam por traduzir as notas e as moedas em duas cate-

inclusive e sobretudo as letras, teriam um valor ainda mais exemplar, porque se ouve nelas, antes de tudo, como os escravos "traduzem" o significante inglês, e fazem um uso pré-significante ou mesmo contra--significante da língua, misturando-a às suas próprias línguas africanas, assim como misturam a seus novos trabalhos forçados o canto de antigos trabalhos da África; em seguida se entende como, com a cristianização e com a abolição da escravatura, eles passam por um processo de "subjetivação" ou mesmo de "individuação", que transforma sua música ao mesmo tempo em que ela transforma esse processo por analogia; como também se colocam problemas particulares de "rostidade", quando os brancos de "face enegrecida" se assenhoram das palavras e das canções, mas os negros, por sua vez, enegrecem a fisionomia com uma camada suplementar, reconquistando suas danças e seus cantos, transformando ou traduzindo mesmo aqueles dos brancos.[31] Sem dúvida as transformações mais visíveis e grosseiras ocorrem no outro sentido: traduções simbólicas, quando o significante assume o poder. Os mesmos exemplos usados anteriormente, de signos monetários ou de regime rítmico, poderiam ainda nos servir invertendo-se seu sentido. A passagem de uma dança africana a uma dança branca revela frequentemente uma tradução conscienciosa ou mimética, com tomada de poder operada pela significância e pela subjetivação. ("Na África, a dança é impessoal, sagrada e obscena. Quando o falo é erigido e manipulado como uma banana, não se trata de entesar-se pessoalmente: assistimos a uma ereção tribal. (...) A dança ritual do sexo, *[172]* no quadro da aldeia, é dançada em solo; e esse fato é, por si só, de uma significação assombrosa. A lei proíbe qualquer resposta, qualquer participação. Nada resta do rito primitivo, a não ser os movimentos sugestivos do corpo. E sua sugestão varia com *a individualidade do observador.*")[32]

Não são simples transformações linguísticas, lexicais ou mesmo sintáticas que determinam a importância de uma verdadeira tradução

gorias de bens conversíveis. Cf. Maurice Godelier, "Economie politique et anthropologie économique", *L'Homme*, v. 14, nº 3, set.-dez. 1964, p. 123.

[31] Sobre essas traduções-transformações, ver LeRoi Jones, *Le Peuple du blues*, cit., caps. III-VI.

[32] Henry Miller, *Sexus*, cit., p. 634.

semiótica. Seria mesmo o contrário. Não basta um falar tresloucado. Somos forçados a avaliar, para cada caso, se nos encontramos diante da adaptação de uma velha semiótica ou diante de uma nova variedade de determinada semiótica mista, ou, antes, diante do processo de criação de um regime ainda desconhecido. Por exemplo, é relativamente fácil não dizer mais "eu", mas sem, com isso, ultrapassar o regime de subjetivação; e inversamente, podemos continuar a dizer Eu, para agradar, e já estar em um outro regime onde os pronomes pessoais só funcionam como ficções. A significância e a interpretação têm a pele tão dura, formam com a subjetivação um misto tão aderente, que é fácil acreditar que se está fora delas enquanto ainda as secretamos. Ocorre que denunciamos a interpretação, mas apresentando-lhe um rosto de tal modo significante que a impomos ao mesmo tempo ao sujeito, que continua, para sobreviver, a se alimentar dela. Quem pode realmente acreditar que a psicanálise seja capaz de mudar uma semiótica na qual todas as trapaças se reúnem? Mudamos somente os papéis. Ao invés de um paciente que significava, e de um psicanalista intérprete, temos agora um psicanalista significante, e é o paciente que se encarrega de todas as interpretações. Na experiência antipsiquiátrica de Kingsley Hall, Mary Barnes, antiga enfermeira devinda "esquizofrênica", abraça a nova semiótica da Viagem, mas para se apropriar de um verdadeiro poder na comunidade e reintroduzir o pior regime de interpretação psicanalítica como delírio coletivo ("ela *interpretava* tudo que se fazia para ela, ou para qualquer outro...").[33] Dificilmente se acaba com uma semiótica fortemente estratificada. Mesmo uma semiótica pré-significante, ou contra-significante, mesmo um diagrama assignificante comporta nós de coincidência completamente prontos para constituir centros de significância e pontos de subjetivação virtuais. Certamente uma operação de tradução não é fácil, quando se trata de destruir uma [173] semiótica dominante atmosférica. Um dos interesses profundos dos livros de Castañeda, sob a influência da droga ou de outras coisas, e da mudança atmosférica, é preci-

---

[33] Mary Barnes e Joseph Berke, *Mary Barnes, un voyage à travers la folie*, trad. francesa Mireille Davidovici, Paris, Seuil, 1973, p. 269. O fracasso da experiência antipsiquiátrica de Kingsley Hall parece se dever a esses fatores internos tanto quanto às circunstâncias exteriores.

samente o de mostrar como o índio chega a combater os mecanismos de interpretação para instaurar em seu discípulo uma semiótica pré--significante ou mesmo um diagrama assignificante: Chega! Você me cansa! Experimente ao invés de significar e de interpretar! Encontre você mesmo seus lugares, suas territorialidades, seu regime, sua linha de fuga! Semiotize você mesmo, ao invés de procurar em sua infância acabada e em sua semiologia de ocidental. "Don Juan afirmava que para ver era preciso necessariamente deter o mundo. Deter o mundo exprime perfeitamente determinados estados de consciência durante os quais a realidade da vida cotidiana é modificada, isso porque o fluxo das interpretações, normalmente contínuo, é interrompido por um conjunto de circunstâncias estranhas a esse fluxo."[34] Em suma, uma verdadeira transformação semiótica recorre a todos os tipos de variáveis, não somente exteriores, mas implícitas na língua, interiores aos enunciados.

Portanto, a pragmática já apresenta dois componentes. Podemos denominar o primeiro de *gerativo*, visto que mostra como os diversos regimes abstratos formam semióticas mistas concretas, com quais variantes, como se combinam e sob qual predominância. O segundo é o componente *transformacional*, que mostra como esses regimes de signos se traduzem uns nos outros, e sobretudo como criam novos regimes. A pragmática gerativa faz de algum modo decalques de semióticas mistas, ao passo que a pragmática transformacional faz mapas de transformação. Ainda que uma semiótica mista não implique necessariamente uma criatividade atual, mas possa se contentar com possibilidades de combinação sem uma verdadeira transformação, é o componente transformacional que dá conta da originalidade de um regime assim como da novidade dos mistos nos quais entra em determinado momento e em determinado domínio. Eis por que esse segundo componente é o mais profundo, e o único meio de medir os elementos do primeiro.[35] Por exemplo, perguntaremos quando é que enunciados de tipo bolchevista apareceram, e como o leninismo ope-

---

[34] Carlos Castañeda, *Le Voyage à Ixtlan*, Paris, Gallimard, 1974, p. 12.

[35] "Gerativo" e "transformacional" são termos de Chomsky, para quem precisamente o transformacional é o melhor e o mais profundo meio de realizar o gerativo; mas nós empregamos esses termos em um outro sentido.

rou, quando da ruptura com os social-democratas, uma verdadeira transformação, criadora de uma semiótica original, mesmo se essa devesse necessariamente cair *[174]* na semiótica mista da organização stalinista. Em um estudo exemplar, Jean-Pierre Faye examinou detalhadamente as transformações que produziram o nazismo visto como sistema de enunciados novos em um campo social dado. Questões do tipo: não somente em que momento, mas em que domínio um regime de signos se instala? (Em todo um povo? Em uma parte desse povo? Em uma margem assinalável no interior de um hospital psiquiátrico?) Assim vimos que uma semiótica de subjetivação podia ser assinalada na história antiga dos judeus, mas também no diagnóstico psiquiátrico do século XIX — evidentemente, com profundas variações e mesmo verdadeiras transformações na semiótica correspondente — todas essas questões são da competência da pragmática. Certamente, hoje em dia, as transformações ou traduções criadoras mais profundas não passam pela Europa. A pragmática deve recusar a ideia de um invariante que poderia se abster das transformações, mesmo o invariante de uma "gramaticalidade" dominante, pois a linguagem é caso de política antes de ser caso de linguística; mesmo a apreciação dos graus de gramaticalidade é matéria política.

O que é uma semiótica, isto é, um regime de signos ou uma formalização de expressão? São ao mesmo tempo mais e menos do que a linguagem. A linguagem se define por sua condição de "sobrelinearidade"; as línguas se definem por constantes, elementos e relações de ordem fonológica, sintática e semântica. E sem dúvida cada regime de signos efetua a condição da linguagem e se utiliza dos elementos da língua, mas nada além disso. Nenhum regime pode se identificar à própria condição, nem ter a propriedade das constantes. Como Foucault bem aponta, os regimes de signos são somente *funções de existência* da linguagem, que ora passam por línguas diversas, ora se distribuem em uma mesma língua, e que não se confundem nem com uma estrutura nem com unidades dessa ou daquela ordem, mas as cruza e as faz surgir no espaço e no tempo. É nesse sentido que os regimes de signos são agenciamentos de enunciação dos quais nenhuma categoria linguística consegue dar conta: *o que faz de uma proposição ou mesmo de uma simples palavra um "enunciado"* remete a pressupostos implícitos, não explicitáveis, que mobilizam variáveis pragmáticas próprias à enunciação (transformações incorpóreas). Exclui-se, então, a ideia de o agenciamento poder ser explicado pelo significante, ou antes pelo sujeito, já que esses remetem, ao contrário, às variáveis de enunciação no agenciamento. É a significância ou a subjetivação que supõem um agenciamento, não o inverso. Os nomes que demos aos regimes de signos — *[175]* "pré-significante, significante, contra-significante, pós-significante" — permaneceriam presos no evolucionismo, se não lhes correspondessem efetivamente funções heterogêneas ou variedades de agenciamento (a segmentarização, a significância e a interpretação, a numeração, a subjetivação). Os regimes de signos se definem, assim, por variáveis interiores à própria enunciação, mas que permanecem exteriores às constantes da língua e irredutíveis às categorias linguísticas.

Mas, nesse ponto, tudo bascula, e as razões pelas quais um regime de signos é menos do que a linguagem devêm razões pelas quais, igualmente, ele é mais do que a linguagem. O agenciamento só é enunciação, só formaliza a expressão, em uma de suas faces; em sua outra face inseparável, ele formaliza os conteúdos, é agenciamento maquínico ou de corpo. Ora, os conteúdos não são "significados" que dependeriam do significante de uma maneira ou de outra, nem "objetos" que estariam em uma relação de causalidade qualquer com um sujeito. Por possuírem sua formalização própria, eles não têm qualquer relação de correspondência simbólica ou de causalidade linear com a forma de expressão: as duas formas estão em pressuposição recíproca, e só se pode abstrair uma delas muito relativamente, já que essas são as duas faces do mesmo agenciamento. Eis por que é necessário chegar, no próprio agenciamento, a algo que é ainda mais profundo do que essas faces, e que dá conta ao mesmo tempo das duas formas em pressuposição: formas de expressão ou regimes de signos (sistemas semióticos), formas de conteúdo ou regimes de corpos (sistemas físicos). É o que denominamos *máquina abstrata*, sendo que esta constitui e conjuga todas os picos de desterritorialização do agenciamento.[36] E é acerca da *[176]* máquina abstrata que se deve dizer: ela

---

[36] Michel Foucault desenvolveu uma teoria dos enunciados, segundo níveis sucessivos e que recortam o conjunto desses problemas. 1°) Em *L'Archéologie du savoir*, Foucault distingue dois tipos de "multiplicidades", de conteúdo e de ex-

é necessariamente "muito mais" do que a linguagem. Quando os linguistas (na linha de Chomsky) chegam à ideia de uma máquina abstrata puramente de linguagem, a objeção que logo se faz é a de que essa máquina, longe de ser por demais abstrata, não o é ainda suficientemente, visto que permanece limitada à forma de expressão e a pretensos universais que a linguagem supõe. Consequentemente, fazer abstração do conteúdo é uma operação ainda mais relativa e insuficiente, do ponto de vista da própria abstração. Uma verdadeira máquina abstrata não possui qualquer meio de distinguir por si mesma um plano de expressão e um plano de conteúdo, porque traça um só e mesmo plano de consistência, que irá formalizar os conteúdos e as expressões segundo os estratos ou as reterritorializações. Mas, desestratificada, desterritorializada por si mesma, a máquina abstrata não tem forma em si mesma (muito menos substância) e não distingue em si conteúdo e expressão, ainda que presida fora de si a essa distinção, e a distribua nos estratos, nos domínios e territórios. Uma máquina abstrata em si não é mais física ou corpórea do que semiótica, ela é *diagramática* (ignora ainda mais a distinção do artificial e do natural). Opera por *matéria*, e não por substância; por *função*, e não por forma. As substâncias, as formas, são de expressão "ou" de conteúdo. Mas as funções não estão já formadas "semioticamente", e as matérias não estão ainda "fisicamente" formadas. A máquina abstrata é a

pressão, que não se deixam reduzir a relações de correspondência ou de causalidade, mas estão em pressuposição recíproca; 2º) em *Surveiller et punir*, ele busca uma instância capaz de dar conta das duas formas heterogêneas imbricadas uma na outra, e a encontra nos agenciamentos de poder ou micropoderes; 3º) mas igualmente a série desses agenciamentos coletivos (escola, exército, fábrica, asilo, prisão etc) consiste apenas em graus ou singularidades em um "diagrama" abstrato, que comporta unicamente por sua conta matéria e função (multiplicidade humana qualquer a ser controlada); 4º) a *Histoire de la sexualité* vai ainda em uma outra direção, já que os agenciamentos não são aí mais relacionados e confrontados a um diagrama, mas a uma "biopolítica da população" como máquina abstrata. — Nossas únicas diferenças em relação a Foucault referir-se-iam aos seguintes pontos: 1º) os agenciamentos não nos parecem, antes de tudo, de poder, mas de desejo, sendo o desejo sempre agenciado, e o poder, uma dimensão estratificada do agenciamento; 2º) o diagrama ou a máquina abstrata têm linhas de fuga que são primeiras, e que não são, em um agenciamento, fenômenos de resistência ou de réplica, mas picos de criação e de desterritorialização.

pura Função-Matéria — o diagrama, independentemente das formas e das substâncias, das expressões e dos conteúdos que irá repartir.

Definimos a máquina abstrata pelo aspecto, o momento no qual não há senão funções e matérias. Um diagrama, com efeito, não tem nem substância nem forma, nem conteúdo nem expressão.[37] Enquanto a substância é uma matéria formada, a matéria é uma substância não formada, física ou semioticamente. Enquanto a expressão e o conteúdo têm formas distintas e se distinguem realmente, a função tem apenas "traços", de conteúdo e de expressão, cuja conexão ela assegura: não podemos mesmo mais dizer se é uma partícula ou se é um signo. Um conteúdo-matéria que apresenta tão somente graus de intensidade, de resistência, de condutibilidade, de aquecimento, [177] de alongamento, de velocidade ou de demora; uma expressão-função que apresenta tão somente "tensores", como em uma escrita matemática, ou, antes, musical. Assim a escrita funciona diretamente colada no real, assim como o real escreve materialmente. É então o conteúdo mais desterritorializado e a expressão mais desterritorializada que o diagrama retém, para conjugá-los. E o máximo de desterritorialização vem ora de um traço de conteúdo, ora de um traço de expressão, que será denominado "desterritorializante" em relação ao outro, mas justamente porque ele o diagramatiza, arrastando-o consigo, elevando-o à sua própria potência. O mais desterritorializado faz com que o outro ultrapasse um limiar que possibilita uma conjunção de sua respectiva desterritorialização, uma precipitação comum. É a desterritorialização absoluta, positiva, da máquina abstrata. É nesse sentido que os *diagramas* devem ser distinguidos dos *índices*, que são signos territoriais, mas igualmente dos *ícones*, que são de reterritorialização, e dos *símbolos*, que são de desterritorialização relativa ou negativa.[38] As-

---

[37] Hjelmslev propôs uma concepção bastante importante, da "matéria" ou "sentido" como não formado, amorfo ou informe: *Prolégomènes à une théorie du langage*, nº 13; *Essais linguistiques*, Paris, Minuit, 1971, pp. 58 ss. (e o prefácio de François Rastier, p. 9).

[38] A distinção dos índices, ícones e símbolos vem de Peirce, cf. *Écrits sur le ligne*, Paris, Seuil, 1978. Mas ele os distingue pelas relações entre significante e significado (contiguidade para o índice, similitude para o ícone, regra convencional para o símbolo); o que o leva a fazer do "diagrama" um caso especial de ícone (ícone de relação). Peirce é verdadeiramente o inventor da semiótica. É por isso

sim definida por seu diagramatismo, uma máquina abstrata não é uma infraestrutura em última instância, tampouco é uma Ideia transcendente em suprema instância. Ela tem, antes, um papel piloto. Isso ocorre porque uma máquina abstrata ou diagramática não funciona para representar, mesmo algo de real, mas constrói um real por vir, um novo tipo de realidade. Ela não está, pois, fora da história, mas sempre "antes" da história, a cada momento em que constitui pontos de criação ou de potencialidade. Tudo foge, tudo cria, mas jamais sozinho; ao contrário, com uma máquina abstrata que opera os *continuums* de intensidade, as conjunções de desterritorialização, as extrações de expressão e de conteúdo. É um Abstrato-Real, que se opõe ainda mais à abstração fictícia de uma máquina de expressão supostamente pura. É um Absoluto, mas que não é nem indiferenciado nem transcendente. *[178]* Eis por que as máquinas abstratas possuem nomes próprios (e igualmente datas), que não designam mais certamente pessoas ou sujeitos, mas matérias e funções. O nome de um músico, de um cientista, é empregado como o nome de um pintor que designa uma cor, uma nuance, uma tonalidade, uma intensidade: trata-se sempre de uma conjunção de Matéria e de Função. A dupla desterritorialização da voz e do instrumento será marcada por uma máquina abstrata-Wagner, por uma máquina abstrata-Webern, etc. Falar-se-á de uma máquina abstrata-Riemann em física e matemática, de uma máquina abstrata-Galois em álgebra (precisamente definida pela linha arbitrária denominada adjunção que se conjuga com um corpo de base) etc. Existe diagrama cada vez que uma máquina abstrata singular funciona diretamente em uma matéria.

Eis então que, no nível diagramático ou no plano de consistência, não existem nem mesmo regimes de signos propriamente falando, já que não há mais forma de expressão que se distinguiria realmente de uma forma de conteúdo. O diagrama só conhece traços, pontas,

que podemos retomar seus termos, mesmo mudando sua acepção. Por um lado, índices, ícones e símbolos nos parecem se distinguir pelas relações territorialidade-desterritorialização, e não pelas relações significante-significado. Por outro lado, o diagrama nos parece consequentemente ter um papel distinto, irredutível ao ícone e ao símbolo. Sobre as distinções fundamentais de Peirce e o estatuto complexo do diagrama, reportaremos à análise de Jakobson, "A la recherche de l'essence du langage", *Problèmes du langage*, *Diogène*, nº 51, Gallimard, 1966.

que são ainda de conteúdo, dado que são materiais, ou de expressão, por serem funcionais, mas que arrastam uns aos outros, se alternam e se confundem em uma desterritorialização comum: signos-partículas, partignos. E isso não é surpreendente; pois a distinção real de uma forma de expressão e de uma forma de conteúdo se faz somente com os estratos, e diversamente para cada uma. É aí que surge uma dupla articulação que irá formalizar os traços de expressão por sua conta, e os traços de conteúdo por sua conta, e que irá fazer, com as matérias, substâncias formadas física ou semioticamente, com as funções das formas de expressão ou de conteúdo. A expressão constitui assim índices, ícones ou símbolos que entram em regimes ou semióticas. O conteúdo constitui assim corpos, coisas ou objetos, que entram em sistemas físicos, organismos e organizações. O movimento mais profundo que conjugava matéria e função — a desterritorialização absoluta, como idêntica à própria terra — só aparece então sob a forma de territorialidades respectivas, desterritorializações relativas ou negativas, e reterritorializações complementares. E, sem dúvida, tudo culmina com um estrato linguageiro, instalando uma máquina abstrata no nível da expressão, e que faz ainda mais abstração do conteúdo à medida que tende mesmo a destituí-lo de uma forma própria (imperialismo da linguagem, pretensão de uma semiologia geral). Em suma, os estratos substancializam as matérias diagramáticas, separam um plano formado de conteúdo e um plano formado de expressão. Tomam *[179]* as expressões e os conteúdos, cada um por sua vez substancializado e formalizado, nas pinças de dupla articulação que asseguram sua independência ou sua distinção real, e fazem reinar um dualismo que não cessa de se reproduzir ou de se redividir. Interrompem os *continuums* de intensidade, introduzindo rupturas de um estrato a outro, e no interior de cada estrato. Impedem as conjunções de linha de fuga, esmagam os picos de desterritorialização, seja operando as reterritorializações que irão tornar esses movimentos completamente relativos, seja atribuindo a algumas dessas linhas um valor somente negativo, seja segmentarizando-a, barrando-a, obstruindo-a, precipitando-a em um tipo de buraco negro.

Não confundiremos, especialmente, o diagramatismo com uma operação de tipo axiomático. Longe de traçar linhas de fuga criadoras e de conjugar traços de desterritorialização positiva, o axiomático barra todas as linhas, submete-as a um sistema pontual, e detém as escritas algébricas e geométricas que escapavam por todos os lados. É semelhante à questão do indeterminismo em física: um "recolocar em ordem" é feito para reconciliá-lo com o determinismo físico. Escritas matemáticas se fazem axiomatizar, isto é, re-estratificar, re-semiotizar; fluxos materiais se fazem re-fisicalizar. É um caso de política tanto quanto de ciência: a ciência não deve devir louca... Hilbert e de Broglie foram homens políticos assim como cientistas: restauraram a ordem. Porém, uma axiomatização, uma semiotização, uma fisicalização não são um diagrama, mas sim o contrário. Programa de estrato contra diagrama do plano de consistência. O que não impede o diagrama de retomar seu caminho de fuga, e de espalhar novas máquinas abstratas singulares (é contra a axiomatização que se faz a criação matemática das funções improváveis, e contra a fisicalização que se faz a invenção material das partículas impossíveis de encontrar). Pois a ciência enquanto tal é como qualquer coisa, existe nela tanta loucura que lhe é própria assim como operações de colocar e recolocar em ordem, e o mesmo cientista pode participar dos dois aspectos, com sua própria loucura, sua própria polícia, suas significâncias, suas subjetivações, mas igualmente suas máquinas abstratas — enquanto cientista. "Política da ciência" designa essas correntes interiores à ciência, e não apenas as circunstâncias exteriores e fatores de Estado que agem sobre ela, e lhe fazem fazer, aqui, bombas atômicas, lá, programas trans-espaciais etc. Essas influências ou determinações políticas externas não seriam nada se a própria ciência não tivesse seus próprios polos, suas oscilações, seus estratos e suas desestratificações, suas linhas de fuga e suas recolocações em ordem: em suma, os *[180]* acontecimentos no mínimo potenciais de sua própria política, toda sua "polêmica" própria, sua máquina de guerra interior (da qual fazem parte historicamente os cientistas contrariados, perseguidos ou impedidos). Não basta dizer que a axiomática não dá conta da invenção e da criação: há nela uma vontade deliberada de deter, de fixar, de se colocar no lugar do diagrama, instalando-se em um nível de abstração cristalizada, já grande demais para o concreto, pequena demais para o real. Veremos em que sentido esse é um nível "capitalista".

Não podemos, entretanto, nos contentar com um dualismo entre o plano de consistência, seus diagramas ou suas máquinas abstratas e, por outro lado, os estratos, seus programas e seus agenciamentos concretos. As máquinas abstratas não existem simplesmente no plano de consistência onde desenvolvem diagramas, elas já estão presentes, envolvidas ou "engastadas", nos estratos em geral, ou mesmo estabelecidas nos estratos particulares onde organizam simultaneamente uma forma de expressão e uma forma de conteúdo. E o que é ilusório, nesse último caso, é a ideia de uma máquina abstrata exclusivamente linguageira ou expressiva, mas não a ideia de uma máquina abstrata interior ao estrato, e que deve dar conta da relatividade das duas formas distintas. Há, portanto, como que um duplo movimento: um, através do qual as máquinas abstratas trabalham os estratos, e não cessam de fazer aí fugir algo: o outro, através do qual elas são efetivamente estratificadas, capturadas pelos estratos. *Por um lado*, jamais os estratos se organizariam se não captassem matérias ou funções de diagrama, que eles formalizam do duplo ponto de vista da expressão e do conteúdo; de forma que cada regime de signos, mesmo a significância, mesmo a subjetivação, são ainda efeitos diagramáticos (mas relativizados ou negativizados). *Por outro lado*, jamais as máquinas abstratas estariam presentes, incluindo-se aí já nos estratos, se não tivessem o poder ou a potencialidade de extrair e de acelerar signos-partículas desestratificados (passagem ao absoluto). A consistência não é totalizante, nem estruturante, mas desterritorializante (um estrato biológico, por exemplo, não evolui por dados estatísticos, mas por picos de desterritorialização). A segurança, a tranquilidade, o equilíbrio homeostático dos estratos não são, portanto, jamais completamente garantidos: basta prolongar as linhas de fuga que trabalham os estratos, preencher os pontilhados, conjugar os processos de desterritorialização, para reencontrar um plano de consistência que se insere nos mais diferentes sistemas de estratificação, e que salta de um ao outro. Vimos, nesse sentido, como a significância e a interpretação, a consciência e a paixão poderiam se prolongar, mas ao mesmo tempo se abrir para uma experiência *[181]* propriamente diagramática. E todos esses estados ou esses modos da máquina abstrata coexistem precisamente naquilo que denominamos *agenciamento maquínico*. O agenciamento, com efeito, tem como que dois polos ou vetores: um, voltado para os estratos onde ele distribui as territorialidades, as desterritorializações relativas e as reterritorializações; um outro vetor, voltado para o plano de consistência ou de desestratificação, em que ele conjuga os processos de desterritorialização e os leva ao absoluto da terra. É em seu vetor estrático que ele distingue uma forma de expressão na qual aparece como agenciamento coletivo de enunciação, e uma forma de conteúdo na qual aparece como agenciamento maquínico de corpo; e ele ajusta uma forma à outra, uma aparição à outra, em pressuposição recíproca. Mas, em seu vetor desestratificado, diagramático, não tem mais duas faces, só retém traços de conteúdo bem como de expressão, dos quais extrai graus de desterritorialização que se acrescentam uns aos outros, picos que se conjugam uns aos outros.

Um regime de signos não tem apenas dois componentes. Há, de fato, quatro componentes, que constituem o objeto da Pragmática. O primeiro é o componente *gerativo*, que mostra como a forma de expressão, em um estrato de linguagem, recorre sempre a vários regimes combinados, quer dizer, como todo regime de signos ou toda semiótica é concretamente mista. No nível desse componente, *podemos* abstrair as formas de conteúdo, mas ainda melhor o faremos se acentuarmos as misturas de regimes na forma de expressão: daí não se concluirá então o predomínio de um regime que constituiria uma semiologia geral e unificaria a forma. O segundo componente, *transformacional*, mostra como um regime abstrato pode ser traduzido em um outro, se transformar em um outro e, sobretudo, ser criado a partir de outros. Esse segundo componente é evidentemente mais profundo, porque não existe qualquer regime misto que não suponha tais transformações de um regime a outro, sejam passadas, sejam atuais, sejam potenciais (em função de uma criação de novos regimes). Aí ainda, abstraímos ou podemos abstrair o conteúdo, já que nos detemos em metamorfoses interiores à forma de expressão, mesmo se esta não bastar para dar conta dele. Ora, o terceiro componente é *diagramático*: consiste em tomar os regimes de signos ou as formas de expressão para deles extrair signos-partículas que não são mais formalizados, mas constituem traços não formados, combináveis uns com os outros. Eis aí o auge da abstração, mas igualmente o momento no qual a abstração devém real; tudo ocorre aí, com efeito, por máquinas abstratas-reais (nomeadas e datadas). E se podemos fazer abstração das *[182]* formas de conteúdo, é porque devemos ao mesmo tempo fazer abstração das formas de expressão, já que só retemos traços não formados de umas e de outras. Daí o caráter absurdo de uma máquina abstrata puramente linguageira. Esse componente diagramático é evidentemente mais profundo, por sua vez, do que o componente transformacional: as transformações-criações de um regime de signos passam, com efeito, pela emergência de máquinas abstratas sempre novas. Enfim, um último componente propriamente *maquínico* deve mostrar como as máquinas abstratas se efetuam em agenciamentos concretos, que dão precisamente uma forma distinta aos traços de expressão, mas sem dar também uma forma distinta aos traços de conteúdo — estando as duas formas em pressuposição recíproca, ou tendo uma relação necessária não formada, que impede uma vez mais que a forma de expressão seja tomada como suficiente (ainda que ela tenha sua independência ou sua distinção propriamente formal).

A pragmática (ou esquizoanálise) pode, pois, ser representada pelos quatro componentes circulares, mas que brotam e fazem rizoma:

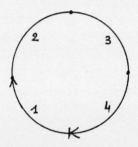

1. Componente gerativo: estudo das semióticas mistas concretas, de suas misturas e de suas variações; 2. Componente transformacional: estudo das semióticas puras, de suas traduções-transformações e da criação de novas semióticas; 3. Componente diagramático: estudo de máquinas abstratas, do ponto de vista das matérias semioticamente não formadas em relação com matérias fisicamente não formadas; 4. Componente maquínico: estudo dos agenciamentos que efetuam as máquinas abstratas, e que semiotizam as matérias de expressão, ao mesmo tempo que fisicalizam as matérias de conteúdo.

O conjunto da pragmática consistiria em fazer o *decalque* das semióticas mistas no componente gerativo; fazer o *mapa* transformacional dos regimes, com suas possibilidades *[183]* de tradução e de criação, de germinação nos decalques; fazer o *diagrama* das máquinas abstratas colocadas em jogo em cada caso, como potencialidades ou como surgimentos efetivos; fazer o *programa* dos agenciamentos que ventilam o conjunto e fazem circular o movimento, com suas alternativas, seus saltos e mutações.

Consideraríamos, por exemplo, uma "proposição" qualquer, quer dizer, um conjunto verbal definido sintática, semântica e logicamente como expressão de um indivíduo ou de um grupo: "Eu te amo" ou, antes, "Eu sou ciumento". Começaríamos por perguntar a qual "enunciado" essa proposição corresponde no grupo ou no indivíduo (pois uma mesma proposição pode remeter a enunciados completamente diferentes). Essa pergunta significa: em que regime de signos a proposição é tomada, regime sem o qual os elementos sintáticos, semânticos e lógicos permaneceriam como condições universais perfeitamente vazias? Qual é o elemento não linguístico, a variável de enunciação que lhe dá uma consistência? Há um "eu te amo" pré-significante, de tipo coletivo no qual, como dizia Miller, uma dança desposa todas as mulheres da tribo; um "eu te amo" contra-significante, de tipo distributivo e polêmico, tomado na guerra, na relação de forças, como o de Pentesileia a Aquiles; um "eu te amo" que se dirige a um centro de significância, e faz toda uma série de significados corresponder, por interpretação, à cadeia significante; um "eu te amo" passional ou pós-significante, que forma um processo a partir de um ponto de subjetivação, depois um outro processo... etc. Da mesma forma, a proposição "eu sou ciumento" não é evidentemente o mesmo enunciado se for tomada no regime passional da subjetivação ou no regime paranoico da significância: dois delírios bastante distintos. Em segundo lugar, uma vez determinado o enunciado ao qual a proposição corresponde em tal grupo ou tal indivíduo em dado momento, procuraríamos as possibilidades não somente de composição mista, mas de tradução ou de transformação em um outro regime, nos enunciados pertencentes a outros regimes, o que funciona ou o que não funciona, o que permanece irredutível ou o que flui em uma tal transformação. Em terceiro lugar, poderíamos tentar criar novos enunciados ainda desconhecidos para essa proposição, mesmo se fossem patuá de volúpia, de físicas e de semióticas em pedaços, afectos assubjetivos, de signos sem significância, onde desabariam a sintaxe, a semântica e a lógica. Essa busca deveria ser concebida do pior ao melhor, visto que cobriria tanto regimes muito rebuscados, metafóricos e imbecilizantes, quanto gritos-sopros, improvisações ardentes, devires-animais, devires moleculares, *[184]* transexualidades reais, *continuums* de intensidades, constituições de corpos sem órgãos... E esses dois polos, eles mesmos inseparáveis, em relações perpétuas de transformação, de conversão, de salto, de queda e de subida. Essa última busca colocaria em jogo as máquinas abstratas, os diagramas e funções diagramáticas, por um lado; por outro lado, ao mesmo tempo, os agenciamentos maquínicos, suas distinções formais de expressão e de conteúdo, seus investimentos de palavras e seus investimentos de órgãos em uma pressuposição recíproca. Por exemplo, o "eu te amo" do amor cortês: qual é seu diagrama, qual o surgimento de máquina abstrata e qual o novo agenciamento? Tanto na desestratificação quanto na organização dos estratos... Em suma, não existem proposições sintaticamente definíveis, ou semântica ou logicamente, que viessem transcender e sobrevoar os enunciados. Todo método de transcendentalização da linguagem, todo método para dotar a linguagem de universais, desde a lógica de Russell até a gramática de Chomsky, cai na pior das abstrações, no sentido em que sanciona um nível que já é, ao mesmo tempo, por demais abstrato mas não o é ainda suficientemente. Na verdade, não são os enunciados que remetem às proposições, mas o inverso. Não são os regimes de signos que remetem à linguagem, e tampouco a linguagem constitui por si mesma uma máquina abstrata, estrutural ou gerativa. É o contrário. É a linguagem que remete aos regimes de signos, e os regimes de signos às máquinas abstratas, às funções diagramáticas e aos agenciamentos maquínicos, que ultrapassam qualquer semiologia, qualquer linguística e qualquer lógica. Não existe lógica proposicional universal, nem gramaticalidade em si, assim como não existe significante por si mesmo. "Por detrás" dos enunciados e das semiotizações, existem apenas máquinas, agenciamentos, movimentos de desterritorialização que percorrem a estratificação dos diferentes sistemas, e escapam às coordenadas de linguagem assim como de existência. É porque a pragmática não é o complemento de uma lógica, de uma sintaxe ou de uma semântica, mas, ao contrário, o elemento de base do qual depende todo o resto.

Tradução de Ana Lúcia de Oliveira e Lúcia Cláudia Leão

ÍNDICE ONOMÁSTICO

As páginas indicadas são as da edição original francesa, inseridas entre colchetes e em itálico ao longo do texto.

Althusser, Louis, *162-3*
Arieti, Silvano, *141*
Austin, John Langshaw, *98*
Autran, Charles, *159*
Bakhtin, Mikhail, *97, 101, 104-5, 113*
Bamberger, Jean-Pierre, *97*
Barnes, Mary, *172*
Beaufret, Jean, *156*
Beckett, Samuel, *123-4*
Beethoven, Ludwig van, *120*
Bene, Carmelo, *124*
Benveniste, Émile, *97, 99, 104, 163*
Berio, Luciano, *122*
Berke, Joseph, *172*
Binswanger, Ludwig, *141*
Borges, Jorge Luis, *157*
Boulez, Pierre, *132*
Bourdieu, Pierre, *105*
Bréhier, Émile, *109*
Brekle, Herbert Ernst, *117*
Breytenbach, Breyten, *129*
Broglie, Louis de, *179*
Canetti, Elias, *107, 135-6*
Capgras, Joseph, *150-1*
Carroll, Lewis, *96*
Castañeda, Carlos, *173*
Certeau, Michel de, *128*
Chomsky, Noam, *98, 115-8, 127, 129-30, 173, 176, 184*

Clastres, Pierre, *148*
Clérambault, Gaëtan de, *150-1, 160-1*
Cooper, David, *107*
Cromwell, Oliver, *157*
Cummings, E. E., *125*
Darien, Georges, *96*
Descartes, René, *160, 167*
Dhorme, Édouard, *153-4*
Dillard, J. L., *132*
Dostoiévski, Fiódor, *165*
Ducrot, Oswald, *98-100, 102*
Espinosa, Benedicto, *154*
Esquirol, Jean-Étienne, *150-2*
Euclides, *138*
Faye, Jean-Pierre, *105, 174*
Flore, Joachim de, *159*
Foucault, Michel, *111, 145, 174-5*
Freud, Sigmund, *157, 160*
Galbraith, John Kenneth, *103*
Galois, Évariste, *178*
Godard, Jean-Luc, *123-4*
Godelier, Maurice, *171*
Gregório, Abade, *128*
Greimas, A. J., *147*
Heidegger, Martin, *156*
Herzog, Werner, *139, 158*
Heusch, Luc de, *145*
Hilbert, David, *179*
Hjelmslev, Louis, *115, 125, 137, 176*

Hofmannsthal, Hugo von, *139*
Hölderlin, Friedrich, *156*
Jakobson, Roman, *177*
Jones, LeRoi, *132, 171*
Jouhandeau, Marcel, *165*
Joyce, James, *133, 160*
Julia, Dominique, *128*
Kafka, Franz, *96, 112, 120, 123, 131-2, 153-4, 165*
Klossowski, Pierre, *164-5*
Kraepelin, Emil, *150*
Kristeva, Julia, *148*
Labov, William, *98, 101, 117, 118-9, 122, 130*
Lacan, Jacques, *150*
Lagache, Daniel, *150*
Lalonde, Michèle, *129*
Lawrence, D. H., *153*
Lênin, Vladimir, *105-6, 127, 173*
Lévi-Strauss, Claude, *141-3*
Lindon, Jérôme, *155*
Lindqvist, Natan, *128*
Lory, Georges Marie, *129*
Lowie, Robert, *142*
Luca, Ghérasim, *123-4, 168*
Lutero, Martinho, *158*
Mallarmé, Stéphane, *160*
Malmberg, Bertil, *128*
Mann, Thomas, *122*
Martinet, André, *137, 166*
Marx, Karl, *97, 105, 133, 160*
Mauss, Marcel, *141*
Mayani, Zacharie, *154*
Messaien, Oliver, *119*
Miller, Henry, *161, 167, 172, 183*
Moulier, Yann, *133*
Nietzsche, Friedrich, *156-7*
Parain, Brice, *96*

Pasolini, Pier Paolo, *97, 132, 134*
Peirce, Charles Sanders, *177*
Poujade, Pierre, *130*
Pound, Ezra, *133*
Proust, Marcel, *124*
Rastier, François, *176*
Regis, Emmanuel, *152*
Regnault, François, *124*
Revel, Jacques, *128*
Riemann, Bernhard, *178*
Ronat, Mitsou, *118*
Rouget, Gilbert, *123*
Rousseau, Jean-Jacques, *103, 121, 167*
Russell, Bertrand, *184*
Ruwet, Nicolas, *125*
Sachs, Maurice, *158*
Sadock, Jerrold M., *115*
Saumjan, S. K., *115*
Saussure, Ferdinand de, *98, 100*
Schnebel, Dieter, *122*
Schreber, Daniel Paul, *151*
Searle, John R., *100*
Sephiha, Vidal, *126*
Sérieux, Paul, *150-1*
Shakespeare, William, *158*
Spengler, Oswald, *96*
Stálin, Josef, *107, 113, 174*
Strindberg, August, *145, 165*
Synge, John Millington, *124*
Tronti, Mario, *133*
Wagenbach, Klaus, *132*
Wagner, Richard, *160, 178*
Wahl, Jean, *124*
Webern, Anton, *178*
Wilson, Bob, *124*
Wunderlich, Dieter, *115, 117*
Zola, Émile, *96*

ÍNDICE DAS MATÉRIAS

4. 20 de novembro de 1923 — Postulados da linguística *[95-139]*
   A palavra de ordem
   O discurso indireto
   Palavras de ordem, atos e transformações incorpóreas
   As datas
   Conteúdo e expressão: as variáveis nos dois casos
   Os aspectos do agenciamento
   Constantes, variáveis e variação contínua
   A música
   O estilo
   Maior e menor
   O devir
   Morte e fuga, figura e metamorfose

5. 587 a.C.-70 d.C. — Sobre alguns regimes de signos *[140-184]*
   O regime significante despótico
   O regime subjetivo passional
   Os dois delírios e o problema da psiquiatria
   História antiga do povo judeu
   A linha de fuga e o profeta
   Rosto, desvio, traição
   O Livro
   Sistema da subjetividade: consciência e paixão, os Duplos
   Cena doméstica e cena de escritório
   A redundância
   As figuras da desterritorialização
   Máquina abstrata e diagrama
   Gerativo, transformacional, diagramático e maquínico

ÍNDICE DAS REPRODUÇÕES

4. Fritz Lang, *O testamento do doutor Mabuse* (efígie do doutor Mabuse perfurada por balas) — *[95]*
5. *A arca da aliança com a coluna de fogo e a nuvem*, Musée des Arts Décoratifs, Paris, col. Viollet — *[140]*

ÍNDICE GERAL DOS VOLUMES

Volume I
Prefácio à edição italiana
Nota dos autores
1. Introdução: Rizoma
2. 1914 — Um só ou vários lobos?
3. 10.000 a.C. — A geologia da moral (quem a Terra pensa que é?)

Volume II
4. 20 de novembro de 1923 — Postulados da linguística
5. 587 a.C.-70 d.C. — Sobre alguns regimes de signos

Volume III
6. 28 de novembro de 1947 — Como criar para si um Corpo sem Órgãos?
7. Ano zero — Rostidade
8. 1874 — Três novelas ou "O que se passou?"
9. 1933 — Micropolítica e segmentaridade

Volume IV
10. 1730 — Devir-intenso, devir-animal, devir-imperceptível...
11. 1837 — Acerca do ritornelo

Volume V
12. 1227 — Tratado de nomadologia: a máquina de guerra
13. 7.000 a.C. — Aparelho de captura
14. 1440 — O liso e o estriado
15. Conclusão: Regras concretas e máquinas abstratas

BIBLIOGRAFIA DE DELEUZE E GUATTARI

Obras conjuntas de Gilles Deleuze e Félix Guattari

L'Anti-Œdipe: capitalisme et schizophrénie 1. Paris: Minuit, 1972 [ed. bras.: *O anti-Édipo: capitalismo e esquizofrenia 1*, trad. Georges Lamazière. Rio de Janeiro: Imago, 1976; nova ed. bras.: trad. Luiz B. L. Orlandi, São Paulo: Editora 34, 2010].

Kafka: pour une littérature mineure. Paris: Minuit, 1975 [ed. bras.: *Kafka: por uma literatura menor*, trad. Júlio Castañon Guimarães, Rio de Janeiro: Imago, 1977; nova ed. bras.: trad. Cíntia Vieira da Silva, Belo Horizonte: Autêntica, 2014].

Rhizome. Paris: Minuit, 1976 (incorporado em *Mille plateaux*).

Mille plateaux: capitalisme et schizophrénie 2. Paris: Minuit, 1980 [ed. bras. em cinco volumes: *Mil platôs: capitalismo e esquizofrenia 2 — Mil platôs*: vol. 1, trad. Aurélio Guerra Neto e Célia Pinto Costa, Rio de Janeiro: Editora 34, 1995 — *Mil platôs*: vol. 2, trad. Ana Lúcia de Oliveira e Lúcia Cláudia Leão, Rio de Janeiro: Editora 34, 1995 — *Mil platôs*, vol. 3, trad. Aurélio Guerra Neto, Ana Lúcia de Oliveira, Lúcia Cláudia Leão e Suely Rolnik, São Paulo: Editora 34, 1996 — *Mil platôs*, vol. 4, trad. Suely Rolnik, São Paulo: Editora 34, 1997 — *Mil platôs*, vol. 5, trad. Peter Pál Pelbart e Janice Caiafa, São Paulo: Editora 34, 1997].

Qu'est-ce que la philosophie? Paris: Minuit, 1991 [ed. bras.: *O que é a filosofia?*, trad. Bento Prado Jr. e Alberto Alonso Muñoz, Rio de Janeiro: Editora 34, 1992].

Obras de Gilles Deleuze

David Hume, sa vie, son oeuvre, avec un exposé de sa philosophie (com André Cresson). Paris: PUF, 1952.

Empirisme et subjectivité: essai sur la nature humaine selon Hume. Paris: PUF, 1953 [ed. bras.: *Empirismo e subjetividade: ensaio sobre a natureza humana segundo Hume*, trad. Luiz B. L. Orlandi, São Paulo: Editora 34, 2001].

Instincts et institutions: textes et documents philosophiques (organização, prefácio e apresentações de Gilles Deleuze). Paris: Hachette, 1953 [ed. bras.: "Instintos e instituições", trad. Fernando J. Ribeiro, in Carlos Henrique Escobar (org.), *Dossier Deleuze*, Rio de Janeiro: Hólon, 1991, pp. 134-7].

Nietzsche et la philosophie. Paris: PUF, 1962 [ed. bras.: *Nietzsche e a filosofia*, trad. Ruth Joffily Dias e Edmundo Fernandes Dias, Rio de Janeiro: Editora Rio, 1976; nova ed. bras.: trad. Mariana de Toledo Barbosa e Ovídio de Abreu Filho, São Paulo: n-1 edições, 2018].

La Philosophie critique de Kant. Paris: PUF, 1963 [ed. bras.: *Para ler Kant*, trad. Sônia Pinto Guimarães, Rio de Janeiro: Francisco Alves, 1976; nova ed. bras.: *A filosofia crítica de Kant*, trad. Fernando Scheibe, Belo Horizonte: Autêntica, 2018].

Proust et les signes. Paris: PUF, 1964; 4ª ed. atualizada, 1976 [ed. bras.: *Proust e os signos*, trad. da 4ª ed. fr. Antonio Piquet e Roberto Machado, Rio de Janeiro: Forense Universitária, 1987; nova ed. bras.: trad. Roberto Machado, São Paulo: Editora 34, 2022].

Nietzsche. Paris: PUF, 1965 [ed. port.: *Nietzsche*, trad. Alberto Campos, Lisboa: Edições 70, 1981].

Le Bergsonisme. Paris: PUF, 1966 [ed. bras.: *Bergsonismo*, trad. Luiz B. L. Orlandi, São Paulo: Editora 34, 1999 (incluindo os textos "A concepção da diferença em Bergson", 1956, trad. Lia Guarino e Fernando Fagundes Ribeiro, e "Bergson", 1956, trad. Lia Guarino)].

Présentation de Sacher-Masoch. Paris: Minuit, 1967 [ed. bras.: *Apresentação de Sacher-Masoch*, trad. Jorge Bastos, Rio de Janeiro: Taurus, 1983; nova ed. como *Sacher-Masoch: o frio e o cruel*, Rio de Janeiro: Zahar, 2009].

Différence et répétition. Paris: PUF, 1968 [ed. bras.: *Diferença e repetição*, trad. Luiz B. L. Orlandi e Roberto Machado, Rio de Janeiro: Graal, 1988, 2ª ed., 2006; 3ª ed., Rio de Janeiro: Paz e Terra, 2018].

Spinoza et le problème de l'expression. Paris: Minuit, 1968 [ed. bras.: *Espinosa e o problema da expressão*, trad. GT Deleuze — 12, coord. Luiz B. L. Orlandi, São Paulo: Editora 34, 2017].

Logique du sens. Paris: Minuit, 1969 [ed. bras.: *Lógica do sentido*, trad. Luiz Roberto Salinas Fortes, São Paulo: Perspectiva, 1982].

Spinoza. Paris: PUF, 1970 [ed. port.: *Espinoza e os signos*, trad. Abílio Ferreira, Porto: Rés-Editora, s.d.].

Dialogues (com Claire Parnet). Paris: Flammarion, 1977; nova edição, 1996 [ed. bras.: *Diálogos*, trad. Eloisa Araújo Ribeiro, São Paulo: Escuta, 1998; nova ed. bras.: trad. Eduardo Mauricio da Silva Bomfim, São Paulo: Lumme, 2017].

Superpositions (com Carmelo Bene). Paris: Minuit, 1979.

Spinoza: philosophie pratique. Paris: Minuit, 1981 [ed. bras.: *Espinosa: filosofia prática*, trad. Daniel Lins e Fabien Pascal Lins, São Paulo: Escuta, 2002].

Francis Bacon: logique de la sensation, vols. 1 e 2. Paris: Éd. de la Différence, 1981, 2ª ed. aumentada, 1984 [ed. bras.: *Francis Bacon: lógica da sensação* (vol.

1), trad. Aurélio Guerra Neto, Bruno Lara Resende, Ovídio de Abreu, Paulo Germano de Albuquerque e Tiago Seixas Themudo, coord. Roberto Machado, Rio de Janeiro: Zahar, 2007].

Cinéma 1 — L'Image-mouvement. Paris: Minuit, 1983 [ed. bras.: *Cinema 1 — A imagem-movimento*, trad. Stella Senra, São Paulo: Brasiliense, 1985; 2ª ed. revista, São Paulo: Editora 34, 2018].

Cinéma 2 — L'Image-temps. Paris: Minuit, 1985 [ed. bras.: *Cinema 2 — A imagem-tempo*, trad. Eloisa Araújo Ribeiro, São Paulo: Brasiliense, 1990; 2ª ed. revista, São Paulo: Editora 34, 2018].

Foucault. Paris: Minuit, 1986 [ed. bras.: trad. Claudia Sant'Anna Martins, São Paulo: Brasiliense, 1988].

Le Pli: Leibniz et le baroque. Paris: Minuit, 1988 [ed. bras.: *A dobra: Leibniz e o barroco*, trad. Luiz B. L. Orlandi, Campinas: Papirus, 1991; 2ª ed. revista, 2000].

Périclès et Verdi: la philosophie de François Châtelet. Paris: Minuit, 1988 [ed. bras.: *Péricles e Verdi: a filosofia de François Châtelet*, trad. Hortência S. Lencastre, Rio de Janeiro: Pazulin, 1999].

Pourparlers (1972-1990). Paris: Minuit, 1990 [ed. bras.: *Conversações (1972-1990)*, trad. Peter Pál Pelbart, Rio de Janeiro: Editora 34, 1992].

L'Épuisé, em seguida a *Quad, Trio du Fantôme, ... que nuages..., Nacht und Träume* (de Samuel Beckett). Paris: Minuit, 1992 [ed. bras.: *Sobre o teatro: O esgotado e Um manifesto de menos*, trad. Fátima Saadi, Ovídio de Abreu e Roberto Machado, intr. Roberto Machado, Rio de Janeiro: Zahar, 2010].

Critique et clinique. Paris: Minuit, 1993 [ed. bras.: *Crítica e clínica*, trad. Peter Pál Pelbart, São Paulo: Editora 34, 1997].

L'Île déserte et autres textes (textes et entretiens 1953-1974) (org. David Lapoujade). Paris: Minuit, 2002 [ed. bras.: *A ilha deserta e outros textos (textos e entrevistas 1953-1974)*, trad. Cíntia Vieira da Silva, Christian Pierre Kasper, Daniel Lins, Fabien Pascal Lins, Francisca Maria Cabrera, Guido de Almeida, Hélio Rebello Cardoso Júnior, Hilton F. Japiassú, Lia de Oliveira Guarino, Fernando Fagundes Ribeiro, Luiz B. L. Orlandi, Milton Nascimento, Peter Pál Pelbart, Roberto Machado, Rogério da Costa Santos, Tiago Seixas Themudo, Tomaz Tadeu e Sandra Corazza, coord. e apr. Luiz B. L. Orlandi, São Paulo: Iluminuras, 2006].

Deux régimes de fous (textes et entretiens 1975-1995) (org. David Lapoujade). Paris: Minuit, 2003 [ed. bras.: *Dois regimes de loucos: textos e entrevistas (1975-1995)*, trad. Guilherme Ivo, rev. técnica Luiz B. L. Orlandi, São Paulo: Editora 34, 2016].

Lettres et autres textes (org. David Lapoujade). Paris: Minuit, 2015 [ed. bras.: *Cartas e outros textos*, trad. Luiz B. L. Orlandi, São Paulo: n-1 edições, 2018].

Obras de Félix Guattari

Psychanalyse et transversalité: essais d'analyse institutionnelle (prefácio de Gilles Deleuze). Paris: Maspero, 1972; nova ed., Paris: La Découverte, 2003 [ed. bras.: *Psicanálise e transversalidade: ensaios de análise institucional*, trad. Maria Stela Gonçalves e Adail Ubirajara Sobral, Aparecida, SP: Ideias e Letras, 2004].

La Révolution moléculaire. Fontenay-sous-Bois: Recherches, 1977; 2ª ed., Paris: UGE, 1980 [ed. bras.: *Revolução molecular: pulsações políticas do desejo*, org., trad. e comentários de Suely Rolnik, São Paulo: Brasiliense, 1981; 2ª ed., 1985].

L'Inconscient machinique: essais de schizo-analyse. Fontenay-sous-Bois: Recherches, 1979 [ed. bras.: *O inconsciente maquínico: ensaios de esquizoanálise*, trad. Constança M. César e Lucy M. César, Campinas: Papirus, 1988].

Félix Guattari entrevista Lula. São Paulo: Brasiliense, 1982.

Les Nouveaux espaces de liberté (com Antonio Negri). Paris: Dominique Bedoux, 1985 [ed. bras.: *As verdades nômades: por novos espaços de liberdade*, trad. Mario Marino e Jefferson Viel, São Paulo: Politeia/Autonomia Literária, 2017].

Pratique de l'institutionnel et politique (entrevistas; com Jean Oury e François Tosquelles). Paris: Matrice, 1985.

Micropolítica: cartografias do desejo (com Suely Rolnik). Petrópolis: Vozes, 1985 [ed. francesa: *Micropolitiques*, Paris: Les Empêcheurs de Penser en Rond, 2007].

Les Années d'hiver: 1980-1985. Paris: Bernard Barrault, 1986.

Cartographies schizoanalytiques. Paris: Galilée, 1989.

Les Trois écologies. Paris: Galilée, 1989 [ed. bras.: *As três ecologias*, trad. Maria Cristina F. Bittencourt, Campinas: Papirus, 1990].

Chaosmose. Paris: Galilée, 1992 [ed. bras.: *Caosmose: um novo paradigma estético*, trad. Ana Lúcia de Oliveira e Lúcia Cláudia Leão, Rio de Janeiro: Editora 34, 1992].

Ritournelle(s). Paris: Éditions de la Pince à Linge, 1999 (ed. ilustrada); nova ed., *Ritournelles*, Tours: Lume, 2007.

La Philosophie est essentielle à l'existence humaine (entrevista com Antoine Spire). La Tour-d'Aigues: L'Aube, 2002.

Écrits pour L'Anti-Œdipe (org. Stéphane Nadaud). Paris: Lignes/Manifeste, 2004.

65 rêves de Franz Kafka (prefácio de Stéphane Nadaud). Paris: Lignes, 2007 [ed. bras.: *Máquina Kafka/Kafkamachine*, seleção e notas de Stéphane Nadaud, trad. e prefácio de Peter Pál Pelbart, posfácio de Akseli Virtanen, São Paulo: n-1 edições, 2011].

SOBRE OS AUTORES

Gilles Deleuze nasceu em 18 de janeiro de 1925, em Paris, numa família de classe média. Perdeu seu único irmão, mais velho do que ele, durante a luta contra a ocupação nazista. Gilles apaixonou-se por literatura, mas descobriu a filosofia nas aulas do professor Vial, no Liceu Carnot, em 1943, o que o levou à Sorbonne no ano seguinte, onde obteve o Diploma de Estudos Superiores em 1947 com um estudo sobre David Hume (publicado em 1953 como *Empirismo e subjetividade*). Entre 1948 e 1957 lecionou no Liceu de Amiens, no de Orléans e no Louis-Le-Grand, em Paris. Já casado com a tradutora Fanny Grandjouan em 1956, com quem teve dois filhos, trabalhou como assistente em História da Filosofia na Sorbonne entre 1957 e 1960. Foi pesquisador do CNRS até 1964, ano em que passou a lecionar na Faculdade de Lyon, lá permanecendo até 1969. Além de Jean-Paul Sartre, teve como professores Ferdinand Alquié, Georges Canguilhem, Maurice de Gandillac, Jean Hyppolite e Jean Wahl. Manteve-se amigo dos escritores Michel Tournier, Michel Butor, Jean-Pierre Faye, além dos irmãos Jacques e Claude Lanzmann e de Olivier Revault d'Allonnes, Jean-Pierre Bamberger e François Châtelet. Em 1962 teve seu primeiro encontro com Michel Foucault, a quem muito admirava e com quem estabeleceu trocas teóricas e colaboração política. A partir de 1969, por força dos desdobramentos de Maio de 1968, firmou sua sólida e produtiva relação com Félix Guattari, de que resultaram livros fundamentais como *O anti-Édipo* (1972), *Mil platôs* (1980) ou *O que é a filosofia?* (1991). De 1969 até sua aposentadoria em 1987 deu aulas na Universidade de Vincennes (hoje Paris VIII), um dos centros do ideário de Maio de 68. Em 1995, quando o corpo já doente não pôde sustentar a vitalidade de seus encontros, o filósofo decide conceber a própria morte: seu suicídio ocorre em Paris em 4 de novembro desse ano. O conjunto de sua obra — em que se destacam ainda os livros *Diferença e repetição* (1968), *Lógica do sentido* (1969), *Cinema 1: A imagem-movimento* (1983), *Cinema 2: A imagem-tempo* (1985), *Crítica e clínica* (1993), entre outros — deixa ver, para além da pluralidade de conexões que teceu entre a filosofia e seu "fora", a impressionante capacidade de trabalho do autor, bem como sua disposição para a escrita conjunta, e até para a coescrita, como é o caso dos livros assinados com Guattari.

Pierre-Félix Guattari nasceu em 30 de abril de 1930 em Villeneuve-les-Sablons, Oise, vila próxima a Paris, e faleceu em 29 de agosto de 1992 na clínica de psicoterapia institucional de La Borde, na qual ele próprio trabalhou durante toda a vida, na companhia do irmão Fernand e de Jean Oury, cofundador. Seguiu durante muito tempo os seminários de seu analista, Jacques Lacan, porém no convívio com Gilles Deleuze, com quem se encontrou em 1969, e no processo de escrita de suas obras em parceria, afastou-se do lacanismo. Militante de esquerda, Félix Guattari, como *filósofo da práxis*, tinha horror aos dogmatismos. Participou dos movimentos de Maio de 1968, na França, e promoveu rádios livres nos anos 70; batalhou por causas de minorias em várias partes do mundo (junto aos palestinos em 1976, a operários italianos em 1977, e em movimentos pela redemocratização brasileira a partir de 1979, entre outras). Como declarou em 1983, considerava necessário envolver-se com "processos de singularização" e ao mesmo tempo acautelar-se "contra toda sobrecodificação das intensidades estéticas e dos agenciamentos de desejo, sejam quais forem as proposições políticas e os partidos aos quais se adere, mesmo que sejam bem-intencionados". Guattari esteve na origem do CERFI (Centre d'Études, de Recherches et Formation Institutionnelles), coletivo de pesquisadores em Ciências Humanas, fundado na França, extremamente ativo entre 1967 e 1987, e possui também uma extensa obra individual. Além de sua parceria com Gilles Deleuze, escreveu obras em colaboração com outros autores, como Antonio Negri (*Les Nouveaux espaces de liberté*, 1985) ou, no Brasil, Suely Rolnik (*Micropolítica: cartografias do desejo*, 1986). Em seus envolvimentos teóricos e práticos, o psicanalista e filósofo procurou sempre "liberar o campo do possível", sobretudo através de experimentações micropolíticas que buscam criar aberturas no funcionamento dos coletivos e levar as relações de amizade para além de suas fixações identitárias.

COLEÇÃO TRANS
direção de Éric Alliez

Gilles Deleuze e Félix Guattari
O que é a filosofia?

Félix Guattari
Caosmose

Gilles Deleuze
Conversações

Barbara Cassin, Nicole Loraux,
Catherine Peschanski
Gregos, bárbaros, estrangeiros

Pierre Lévy
As tecnologias da inteligência

Paul Virilio
O espaço crítico

Antonio Negri
A anomalia selvagem

André Parente (org.)
Imagem-máquina

Bruno Latour
Jamais fomos modernos

Nicole Loraux
Invenção de Atenas

Éric Alliez
A assinatura do mundo

Maurice de Gandillac
Gêneses da modernidade

Gilles Deleuze e Félix Guattari
Mil platôs
(Vols. 1, 2, 3, 4 e 5)

Pierre Clastres
Crônica dos índios Guayaki

Jacques Rancière
Políticas da escrita

Jean-Pierre Faye
A razão narrativa

Monique David-Ménard
A loucura na razão pura

Jacques Rancière
O desentendimento

Éric Alliez
*Da impossibilidade
da fenomenologia*

Michael Hardt
Gilles Deleuze

Éric Alliez
Deleuze filosofia virtual

Pierre Lévy
O que é o virtual?

François Jullien
Figuras da imanência

Gilles Deleuze
Crítica e clínica

Stanley Cavell
*Esta América nova,
ainda inabordável*

Richard Shusterman
Vivendo a arte

André de Muralt
A metafísica do fenômeno

François Jullien
Tratado da eficácia

Georges Didi-Huberman
O que vemos, o que nos olha

Pierre Lévy
Cibercultura

Gilles Deleuze
Bergsonismo

Alain de Libera
Pensar na Idade Média

Éric Alliez (org.)
*Gilles Deleuze:
uma vida filosófica*

Gilles Deleuze
Empirismo e subjetividade

Isabelle Stengers
A invenção das ciências modernas

Barbara Cassin
O efeito sofístico

Jean-François Courtine
A tragédia e o tempo da história

Michel Senellart
As artes de governar

Gilles Deleuze e Félix Guattari
O anti-Édipo

Georges Didi-Huberman
Diante da imagem

François Zourabichvili
*Deleuze:
uma filosofia do acontecimento*

Gilles Deleuze
*Dois regimes de loucos:
textos e entrevistas (1975-1995)*

Gilles Deleuze
*Espinosa
e o problema da expressão*

Gilles Deleuze
Cinema 1 — A imagem-movimento

Gilles Deleuze
Cinema 2 — A imagem-tempo

Gilbert Simondon
*A individuação à luz das noções
de forma e de informação*

Georges Didi-Huberman
Imagens apesar de tudo

Jacques Rancière
As margens da ficção

Gilles Deleuze
Proust e os signos

Este livro foi composto em Sabon,
pela Bracher & Malta, com CTP da
New Print e impressão da Graphium
em papel Pólen Natural 80 g/m² da
Cia. Suzano de Papel e Celulose para
a Editora 34, em maio de 2022.